JN438240

압록강 같은
서사시를 쓰고 싶다

시와문화 신서 04

압록강 같은
서사시를 쓰고 싶다

경기민예총 문학위원회

시와문화

|차　　례|

제2부 자선 시

제3부 자선 산문

■발간사

정의의 전쟁은 없다

현 기 영
(소설가)

우리가 발음하기에 익숙한 것은 톨스토이의 소설 제목처럼 『전쟁과 평화』이지 『평화와 전쟁』이 아니듯이, 언제나 평화보다 전쟁이 우선이죠. 인류의 역사는 전쟁의 연속이었고, 평화는 그 사이에 잠깐씩 끼어 있는, 말하자면 전쟁의 임시적인 소강상태와 같은 것처럼 보입니다. 갈수록 대량살상의 전쟁이 확대되는 걸 보면, 문명의 진보에 반비례해서 인간성은 더욱 더 퇴보하는 모양입니다. 심지어 프로이트는 세계대전을 보고 새디즘과 폭력은 인간의 본능이라고, 그래서 전쟁은 불가피하다고 생각했습니다. 인간 종자가 워낙 그렇게 생겨 먹었다는 것이죠. 모순된 인간성의 표현인 전쟁을 종식시킨다는 건 아무래도 불가능한 일일지 모릅니다. 전쟁 없는 세상이 오리라고는 아무도 믿지 않습니다. 아무리 그렇더라도 전쟁을 가능한 최소화하고, 전쟁 중에 아무 거리낌 없이 자행되는 민간인 대량학살의 참사만은 막으려는 노력은 잠시도 늦춰서는 안 될 것입니다.

정의의 전쟁은 없습니다. 모든 전쟁은 평화를 전제로 했지만, 전쟁은 전쟁을 낳을 뿐이 아닙니까. 어떠한 전쟁도 이길 수 없습니다. 승전의 순간에 패배가 시작되는 것이 전쟁입니다. 그들은 항상 평화의 이름으로, 자유의 이름으로 전쟁을 일으킨다고 했고, 또는 제2차 세계대전을 전쟁을 종식시키는 마지막 전쟁이라고도 했습니다. 일본은 아시아 공영권의 평화를 위해 태평양전쟁을 일으킨다고 했고, 미국은 이라크 국민의 자유를 위해서 이라크 전을 수행한다고 했습니다. 언제 어느 곳에서라도 일어날 수 있는 것이 전쟁이죠. 푸에블로호 사건 때 닉슨 정부는 북한에 핵폭탄을 떨어뜨릴 계획을 세웠다가 포기했다고 하는데, 그 작전 이름이 'FREEDOM DROP' 이었습니다. 북한의 자유를 위하여 핵폭탄을 투하한다는 것이었죠.

최근에도 미국은 한반도에서 부분 핵전쟁을 치룰 수도 있다고 발언했다는데, 그것이 단순히 북한을 향한 위협용 수사만은 아니어서 우리의 간담을 서늘케 했습니다. 말은 쉽게 하지만, 부분 핵전쟁은 남북한의 무고한 민간인 수십만 명이 파괴됨을 뜻하지 않습니까. 전쟁은 일단 발발하면, 독자적 생명체처럼, 앞만 보고 내달리는 어뢰처럼 파국을 향해 내달립니다. 북한이 하는 꼴이 밉고 화난 나머지, 정의의 이름으로 일격을 가하고 싶어 부분 전쟁 운운하는 일부 극우분자들의 목소리들도 들려오는데, 북미 간의 긴장 상태가 자칫 일촉즉발의 위기를 낳을 수 있는 상황에서 그것은 얼마나 무책임하고 위험한 발상인가요. 그랬을 경우, 그렇잖아도 경제 악화로 절망에 빠져있는 북한으로서는 굶어 죽으나 폭탄 맞아 죽으나 죽기는 매일반이라고 하면서, 자포자기로 이성 잃고 반격을 해오지 않을까요. 평화를 낳는 것은 평화이지, 전쟁이 평화를 만드는 것은 아니죠. 평화를 만드는 것은 이성과 인내, 관용이지 증오와 분노가 아닙니다.

적극적인 평화교육, 평화운동이 절실합니다. 전쟁의 참사를 피부로 느끼게 하고, 그리고 잊지 않게 하는 것, 그럼으로써 다양한 생각, 다양한 컬러의 인간들이 공존할 수 있도록 타인의 처지를 헤아릴 줄 아는 상상력, 즉 역지사지(易地思之)의 능력을 북돋아 주는 것, 그것이 평화교육이고 평화운동일 것입니다. 나와 다른 생각, 나와 다른 컬러를 가진 사람들을 짐승, 하등인간, 야만인, 혹은 악마의 자식처럼 취급하려는 그러한 독단, 편견이 전쟁을 일으키고 4·3의 참화를 일으킵니다. 전쟁을 증오할 수 있는 자만이 진정한 인간일 것입니다. 어느 종족, 어느 지역, 어느 계급에 속해 있든 간에, 인간이 인간을 감성적으로 이해하여 누구나 고귀한 인간 생명이라는 것, 아랍인도 심지어 빨갱이도 똑같은 사람이라는 것을 인정할 때, 예컨대 "북한에도 사람이 살고 있었네"라고 깨달았을 때 전쟁은 물러가고 평화가 도래하리라고 생각합니다.

■초대시

압록강

고 은

오래 전 젊은날
아무것도 없이 하루가 공짜로 가던 시절이었다
나는 다친 다리로 걷지도 못하는 날
그 빈집 곰팡이와 함께
하루를 다 보내며
압록강 같은 서사시를 쓰고 싶었다

조선이 일본에게 다 짓밟혔을 때도
압록강은 흘러갔다
조선을 넘어 만주가 짓밟힐 때도
압록강은 흘러갔다

흘러 흘러

바다를 만들어주고
미련없이 자신은 사라지는 강물이고 싶었다
그 강물의 서사시가 되고 싶었다

그 길고 긴 강 기슭 어디에
아름다운 곳이 있어서도 아니었다
더러는 험악하고
더러는 삭막하고
더러는 무덤덤한 풍경이건만
그 나날의 밤낮으로
온갖 일 다 겪으며 흐르는 그것
온갖 생각 다 실어 흐르는 그것

그렇지 않을손가
미인만으로 이루어진 세상이란
얼마나 생지옥인가
그것이 아닌
그것이 아닌

압록강의 길고 긴 물 기슭은
항상 고단한 삶이 있고
억울한 죽음들이 있다
그런 강의 서사시가 되고 싶었다
나뿐 아니라

이미 나보다 먼저
압록강은 흐른다 아아 하고 누가 노래하였다
그의 머리말을 뒤이어 내가
압록강 같은 서사시를 쓰고 싶었다

내 변방은 어디 갔나

두번 세번 부당하구나

삼천리강산이 모조리 서울이 되어간다
오, 휘황한 이벤트의 나라
너도나도
모조리 모조리
뉴욕이 되어간다
그놈의 허브 내지 허브 짝퉁이 되어간다

말하겠다
가장 흉측망측하고 뻔뻔한 중심이라는 것 그것이 되어간다

서러웠던 곳
어디서도 먼 곳
못 떠나는 곳
못 떠나다
못 떠나다
기어이 떠나는 곳
내 마음의 개펄 바닥
해거리 명자꽃이 똑똑하던 곳

10년 전과
10년 후가 같았던 곳
어머니의 흐린 경대
거기 계신
한번도 본 적 없던
증조할머니도
못 본 고조할아버지도 함께 살던 곳
아버지쯤이 아득한 과거인 날들
꿈에도 없는 곳
무식한 아버지
묵은밭 어둑어둑 갈던 곳
진리가 마을 안에 있던 곳
내가 잠들면 너도 잠드는 곳
죽은 아저씨 살아 돌아오는 곳
소작료 삼칠제로 뼈 빠져버린 곳
눈 뜰 힘 없어 눈 감고 죽는 곳
낮은 콧잔등으로
호된 가난 견디어온 광대뼈로
제사상 앞에 엎드리던 곳
백년대계 따위 소용없는 곳
궂은비 오는 날 끼리끼리이던 곳
누가 죽으면 모두 상주인 곳
김씨도 장씨 숙부이고
갑씨도 을씨 사촌이던 곳

사또나리 오시지 않는 곳
커다란 달밤
누군가가 그 달밤에
식칼 갈아 허공 포 뜨며 번득이던 곳
의미가 무의미에 고개 숙이는 곳
두고 온 그곳

내 변방은 어디 갔나

제1부

DMZ 시

말편자 수집가

권 오 영

거실에 낡은 군복을 입고 서서
그가 말편자들의 장식을 본다
유리 액자 속, 편자들이 번쩍거린다
무공훈장같이 납작한 그것들

유리 진열장과 유리 탁자, 반질거리는 바닥
이상한, 완강한, 무엇이든지 빛나는 거실

그는 자꾸 말에 대해 설명한다
갈기를 휘날리며 달렸던 말이 잘라낸 바람을,
발톱 빠진 채 붙이고 다녔던 발바닥들을,
토막 난 바람을 짓밟으며 달려온 족적을,

오래도록 곱씹으며 죽은 말들을 생각한다
아직 꺼내오지 않은 자루더미 속 말들
창고에 그득하다

오래되어 군내 나는 말들
군화 속에서 썩어갔던 말들

마르고 닳도록 절룩거리며 달렸을 들판을
바다를 밀어내며 밀려났던 흔적들이다

납작한 그것들을
목에도 걸어보고
발바닥에도 붙여보면서

그렇게 힘세게
침 튀기며 말하는 입술에서 몇 방울 햇빛이 떨어진다

늙은 군인의 말투처럼
말할 기회를 노리면서 흘금거리면서
내가 그와 같아지려 하고 있다

금지된 열정, 디엠지

권 현 형

우연히 너를 보았다
실감나지 않는다 우리가 한 몸이었던 것
네 양말을 함께 신은 적도 있는

내 발등은 청동으로 주조된 그늘로 뒤덮여
미온수로도 씻기지 않는다
너와 결별하고 생긴 병이다

우리를 가르고 있는 철책의
냉담한 쇠막대기들이 뼛속을 파고들었다
남방 한계선이라고 했다

다시 만날 것을 믿는 우리의 염원은 공중에 매달려
명주실이 검어지듯 더러워졌다 때가 탔다
귓속 깊은 곳에서 들리는 종소리, 기차소리

우리가 마음과 달리 차갑게 손을 놓은 다음에도

좋은 오래 혼자 울었음을
제 가슴을 치며 울었음을

기억하는가, 심장과 함께 찢어 가졌던 그 다리 이름
낮 12시 해 그림자가 머리 위에 짧게 머물고 있다

그림자에는 얼룩 한 점 남아 있지 않다
각자 뒤도 돌아보지 않고 다른 길을 향해 뛰어갔던
그 다리 위에서 사람들이 기념사진을 찍고 있다

다만 2014년 10월 9일을 기념하기 위해
햇볕이 너무 좋아 햇볕이 너무 좋아 그 말밖에 나오지 않는
정말 좋은 햇볕, 가을을 기념하기 위해

지뢰처럼 너는 내 안에 파묻혀 있다
너무 오래되어 그날의 슬픔이 생각나지 않아도
내 손은 너의 손을 기억하고 있다

반도의 밤

김 왕 노

수목한계선이듯 인간의 한계선이 된 이곳에 우린 강대나무로 서서 껍질 벗겨지고 마르는 아픔으로 갈 수 없는 나라를 향해 붉은 노을이나 쇳조각처럼 떨어뜨려야 하는가. 오작교를 건너 경우와 직녀가 만나는 푸른 신화의 하늘 아래서

아직도 나는 저 곳을 마음대로 드나드는 새떼며 바람이나 풀씨를 질투하여 마음은 누구도 다가올 수 없는 가시투성이니 어리석게도 우린 이 지대를 너무 오래 고집하였다. 옹고집과 질투로 돌아앉은 늙은이처럼 제석산 천년 바위처럼

기다리다 못해 철조망마저 붉게 녹슬어 스스로 사라지려 눈보라 속으로 재촉하며 가는 외줄기 붉은 산화의 길인데 때때로 체면마저 잊은 듯 방아쇠를 당겨 서로를 적이라 확인하려 총성으로 골짜기를 울려야만 하는 가. 어린 짐승 자지러지게 하여야만 하는가.

끝내 우린 이곳에서 그리움마저 마르는 강대나무로 서서 붉은 까마귀 울음을 아파해야만 하는가. 꼭 그렇게 고려엉겅퀴 같은 알싸한

얼굴로 마주 서야 하는가. 적의의 총구를 날마다 새파랗게 닦아 서려 노려보며 반도의 밤을 허우적거리면서 건너야만 하는가.

월정리역에서

김 천 영

월정리역에서 평양행 기차표를 샀다
유리창 너머 역무원은
표를 뽑아 주며
오늘은 평양 가는 손님이 많다고 말을 건넨다
소나무 그늘이 아름다운 월정리역
처음 가는 평양행
플랫폼에 서 있는 사람들이 다 아름답다
기차를 기다리는 동안
봄볕은 눈부시고
새의 비행은 황홀하다
색색의 옷을 입은 사람들은
활짝 웃으며 기차를 기다리고,
기다림은
헛되지 않음을
간절함은
헛헛하지 않음을
기도는

하늘도 감동시킴을
나는 생각한다
기적이 울리고
평양이라는 글자가 또렷이 박힌
기차가
봄바람을 가르며
역으로 들어오고 있다

임진강 전망대

김 현 성

한 떼의 청둥오리가
북쪽 하늘로 가네
'잘 다녀올게요'
선회한다
임진강 전망대에서
손 흔드는 사람들
어떤 소식 가져올까?
궁금해서
망원경으로 새들을 따라간다

기적소리

–철원역

박 설 희

피안에 이르는 길은 멀어
끼룩거리며 지상에 착륙한 가을 오후
바람은 늦은 햇살을 두드려
열매들 속 깊이 침투하게 한다

사람의 발길을 허용치 않는 곳이 극지라면
그림자를 끌고 당도했지만 결코 당도할 수 없는
극한 땅, 검은 들과 언덕을
전봇대만 어깨를 겯고 하냥 달려간다

철로와 차단기가 외로이 들판에 버려져 있다
금강산으로, 얼어붙은 압록강으로, 삼수갑산으로
대도시의 시장으로, 남도의 항구로 간 그들 다시 돌아올까
모든 길을 지우며
지뢰는 잠복근무 중

누구는 이곳에서 미륵의 나라를 꿈꾸었다
고라니와 사슴이 뛰어다니고 두루미 날개 펴는
아직 아무도 도착하지 않은 미래의 땅
임꺽정과 숱한 민초의 소원과 기약들이
들풀로 우거져 전해온다

시베리아 횡단 철도보다 머나먼
곳, 서러울 만큼 간절한 건
한겨울에도 얼지 않는 발길
지극한 손

신탁처럼 바람에 실려오는
기적소리 듣는다

노동당사에서 사랑을 꿈꾸다

박 완 호

노동당사에서 한때의 사랑을 꿈꾸었다.
오래 전 당신이 앉았을 곳을 찾아
텅 빈 자리를 짚어가는 바람과
앞선 발자국을 가만히 뒤따르는 키 작은 그림자,
나의 사랑은 그런 것이다.
부서진 계단을 오르다 말고
남쪽을 바라보는
당신의 속 깊은 눈빛 닮은 노을이
한쪽으로 쏠리는 머리카락을 물들일 때, 나는
부러진 가지 끝 빛바랜 솔잎을 스치는 바람처럼
무너진 벽에 기대어 선 어깨에 얹히는
석양의 손짓을 따라
북쪽 하늘을 천천히 색칠할 것이다.
외로이 서 있는 우리의 시간이
흐릿해지는 산 그림자 속으로 깃들고
금 간 벽을 울리는 노랫소리가
서로를 스스럼없이 넘나들기 시작할 때

추억마저 황폐해진 이곳에서 나는
결코 색 바래선 안 될
당신의 한때를 떠올리고 있었다.

오래된 판화

박 홍 점

자고 나면 뒷마당에 양잿물 먹은 흰 빨래들이 펄럭였다
언니의 손가락이 길어졌다
앓아누운 할머니의 마른 손이 언니의 볼을 쓰다듬었다

우편배달부가 다녀갔다
경사진 밭의 상부에 어머니는 목화를 심기 시작했다

부풀어 오르는 솜사탕
프라이팬 안에서 마술처럼 지글거리며 피어나는 유과
목화꽃들은 해마다 피어났다

목화밭 건너 신작로를 달리는 사내애들의 단단해지는 엉덩이
굵어지는 종아리
자전거 바퀴가 쨍쨍 돌아갔다

또 우편배달부가 다녀갔다
목화꽃송이들은 간 데 없고

따끔한 외피를 입은 열매들
이제 벗은 다리로 목화밭 사이를 걸어 다닐 수는 없었다
꽃들은 모두 제 집속으로 몸을 숨겼던 것이다

어머니는 어떤 간곡함으로 늘 처음의 밭에만 목화를 심었다
광속의 검은 보따리가 점점 커져갔다

더 이상 언니에게로 오던 편지들이 끊겼다
목화밭을 향해 날리던 휘파람소리 멎고
어머니의 목화밭은 긴 휴지기(休止期)였다

청맹과니의 노래

서 수 찬

군에서
형의 유물과 함께 낙엽 한 장이 전해졌다
우리의 적은 저 울타리 너머 도깨비 풀이 아니라고
수입 쇠고기와 양담배에 포장된 키 큰
사탕 수수의 웃음 이라고
면회 갈 때마다 되뇌던 군기가
저렇게 부질없는 뼛가루로 돌아올 줄이야
아버지와 시퍼렇게 쑥물 든 강물에 나가
형의 진달래꽃 같은 이십여 평생을 정리하다 보면
눈물 대신 뿌리 깊게 흐르는 삼천리 화려강산
우리는 아무 할 말 없데이
서쪽으로 날아가며 위로하는 철새들
다시는 지뢰지대 가득한 이 땅에 돌아오지 말그라
당부하며
강물은 꽁꽁 잠든 우리 가슴을 깨우는구나
이제는 더 이상 보리밭이나 희망 없이 밟고
영원한 맹방인 공기를 의심 없이 맡지 말 일

아버지와 청맹과니 발걸음으로
살아 온 지난날들이 형의 무덤을 만든다
우리는 이 마을 저 마을 유언비어로 떠돌겠지만
떠돌다가도 올림픽에 불순한 생각이 여과되겠지만
녹두처럼 거둬들일 형의 분노를 잊지 않을게.

깽깽이풀
-DMZ

서 정 화

해금을 연주하듯 바람으로 깨운 하늘
짓밟히고 버려진 길 죽은 봄이 살아나듯
그 먼 날 뿌리 뽑힌 날들 나직이 불러본다

허리가 베어진 채 깽깽이로 딛고 선 땅
목쉰 절규 절뚝이며 새로 눈뜬 작은 풀꽃
녹이 슨 지뢰밭 너머 꽃씨들을 풀어낸다

내 안에 꽃 피느라 빈 가슴 쓰는 소리
아직 저린 아픔 위에 작은 시의 몸짓으로
절망을 배우기 위해 키를 한 뼘 높인다

월정리역

성 향 숙

철마는 달리고 싶다는 푯말을 배경으로
서성이는 구름들
망설이는 도깨비 풀씨들
머뭇거리는 발자국들
달을 찾는 듯 우물을 찾는 듯 두리번거린다

우물을 비치는 햇살은 그늘에 가려있다
꽃도 나비도 숨죽이고 잠을 잔다
무표정하게 흐르는 구름
달의 우물에 달빛만 출렁인다

바람이 다녀간 자리마다
열차에 오른 애인이 끝내 아름다운 계곡 쪽으로
은하수에 당도했을 거라는 슬픈 예감과
고지에 우뚝 선 흰 말을 향해
구름의 길로 접어든 젊은 아버지의 패기가
수십 년째 제자리걸음의 끊어진 철로

먼저 도착한 맨발의 달빛이 단절된 철로 저쪽 끝까지
제지하는 바람 뿌리치고 달려나간다
앙상하게 두 손 맞잡은 달빛부스러기들
최후 증인의 희미한 기억처럼
서사적 풍경의 실루엣을 재생시킨다

묵은 표를 들고 개찰구를 통과하면
마중하는 바람과 배웅하는 구름만 있을 뿐

반가운 창문은 더 이상 건너오지 않는다
시발도 종착도 아닌
높이 떠오른 달빛만 고요하다

조국의 허리

양 정 자

젊은 시절 고된 생활에 물지게질 하도 많이 해
돌아가실 땐 허리 깊이 꼬부라졌던 우리 어머님
괴로움에 절절히 한 맺혀 나, 이 악물고 어렵사리
허리운동하면서 곰곰이 생각한다
나만 열심히 허리 운동하면 뭐 하는가
내 사랑하는 조국의 허리는 무참혀 잘려
저렇게 오래도록 신음하고 있는데

세계 유일한 냉전의 분단국
아직도 남과 북 총부리 겨눈 채 서로 으르렁대며
60년간이나 더운 핏줄 꽉 막힌 채 앓고 있으니
1인당 국민소득 3만 불 된다고
아무리 잘난 척 해봐야 서로 소통할 줄 모르는 우리는
세계에서 제일 안타깝고 부끄러운
불구의 나라 불구의 민족이다!

아무 준비 없이 통일은 갑자기 오지 않는다

언제 해결될지도 모를 북핵문제만 핑계대고
우리는 그동안 도대체 어떤 노력들을 해왔던가
부끄럽지도 않은 지, 이제 와서 제 나라 주권을 남의 나라에
통째로 넘겨주는 전시작전권 구걸 연장이라니

이북 전단 살포, 금강산 관광, 이산가족 상봉 문제 등등 요즈음
그나마 해오던 실낱같은 소통의 노력도 모두 꽉꽉 막혀있는데
말로만 통일은 대박이라니, 날이 갈수록 불통인
이 나라 어느 정책에도 어떤 희망 보이지 않네

유사 이래 어느 대국들도 우리를 진정으로 돕지 않았다
어떻게 하든 남북끼리 해결해 봐야 하는데 문제 터질 때마다
정작 당사자인 우리 빼고 저들끼리 왈가왈부하고 있네

눈물겨운 내 노력으로 내 몸뚱아리
아픈 내 허리는 조금씩이라도 나아져 가는데

우리나라 잘린 허리는 언제 나아지려나

여기 이곳은 어디인가

용 환 신

한반도 허리 끊긴 길 찾아가던 날
불국(佛國)의 꿈이 묻힌 철원 벌판엔
가을햇살 따갑게 머물고 있었다.
물들기 시작한 단풍보다 더 짙은 지뢰표지판,
마치 신목(神木)에 걸린 금줄인 양 손 내치며
바람 없이도 저 홀로 출렁대고
망상을 꿈꾸는 듯한 적막한 외골 끝은
등진 세상 깃발처럼 까마득해 보였다.

빼앗긴 한 평생 그 세월도 모자라
이름까지 잡히고 들어가는
아픔도 슬픔도 다 시들어버린 낯선 길
가다 가다 발목 잡혀 내놓고 엿보여도
누구 하나 부끄러워하지 않았다.
꾸역꾸역 살아온 업보에 묻어난
자조(自嘲)의 미소만 잠시 고개 숙일 뿐.

탐욕이 쌓일수록 불신의 늪은 깊어져
서로에게 갇힌 수인(囚人)의 두 손 감추고
이 눈치 저 눈치에 끼여 등 돌린 채
소리 없이 부역한 육백이십리 각각의 철벽길,
아침, 봄날 모두 거짓이 된 깜깜절벽
밤낮없이 굳건하게 지키고 있는
여기 이곳은 어디인가
어둠 헤치고 되돌아 나오는 길
잠들어 누운 땅 깨치는 외침
온몸 뜨겁게 흔들어 깨우고 있었다.

그리운 철원역

우 대 식

그 해 가을
나는 갈마에서 며칠을 보냈다
밤마다 제2 금융조합이며 얼음창고며
노동당사 앞을 서성거렸다
강가의 억새들이 눈이 부시도록 자신의 머리를
흔들고
들판의 벼는 이미 다 거두어들였다
그 쌀은 누구의 입으로 들어가나
갈마의 가을은 춥기도 하고 고즈넉하기도 하였으나
한 자루 빛나는 총검처럼
내 꿈을 억누르기도 하였다
지금 모든 선(線)은 이곳에서 끝난다
선이 끝나는 곳에도 사람들은 살아간다
산에서 신음 소리를 들은 것은 해거름의 한 날이었다
우우우
바람소리는 피가 서린 울음과 뒤섞여
마을로 내려오고

나는 눈을 감고 잘못했다 잘못했다 빌고
또 빌었다
미륵은 죽고 또 죽고 또 오는 법
미륵을 기다린다는 것은
사람을 사랑하는 일
다시 머리 숙이고 빌고 있을 때 무궁한 태양빛은 서쪽으로 기울며
낭자한 사신의 속내를 보여주었다
갈마에서
남북을 가로지는 몇 마리 새와
그곳을 기웃거리는 사람 몇과
다 무너진 철원역 돌무더기를 비추는 잔광이
오랫동안 함께 춤추다 부수어지는
풍광을 바라보았다

붓끝이 칼날에게

윤 한 택

다시는 도솔산에 올라 기도하지 않으리
고은이 밥 한 덩이 김치 한 조각 닮은 글씨 한 점 얻기까지는
펀치볼 향해 피의 머플러 휘날리던 어릿광대 손짓할지라도
그날이 오면 마냥 화진포 들러 동해바다로 눈 주리라
소신공양 문수스님 법신 나한전에 편히 앉으시는 날
금강산 바라보며 낮술에 객쩍던 엽전화백 벌떡 일어나리니
정녕코 다시는 생명평화동산 기웃거리지 않겠네
핏줄 속 마지막 칼날 흔적마저 온전히 붓끝으로 날아와
한 점 화엄으로 피어오를 때까지는

왔다 갔다

이 선 균

왔다 비무장지대 지나 남측출입사무소 지나
버스 타고 이렇게 오면 되는 지근거리가
왜 그리 멀고 아득했나 풍악산

시월 단풍이 뼛속까지 환해지는
표현할 수 없는 아름다움에 혼이 빠지던

버스 타고 오가던 길 다시 막히고
막히고도 천 일이 가고 이천 일 넘어

보이지 않는 풍악산 절경을
손차양 너머 본다,
철소망 너머 비무장지대 너머

북측

헐벗은 산자락에 웬 불이 났나
검은 연기가 시월 햇살을 그을리고 있다

당신이란 DMZ

이 은 유

당신은 남쪽으로 내려가며 숨이 차오른다고 했다
가파른 계단을 내려갈 때도 발굽 아래를 오래 쳐다보다가
턱이 막혀 종종 무릎을 잃어 버린다고
삼엄한 경계가 아니더라도
삼 년이나 십 년이 아니더라도
심장의 구멍이 숭숭 뚫려 데면데면한 표정을 지운다 해도
무장해제되어 온 생애를 다한다 한들
어느 한 쪽의 등을 바라보아야만 한다면
누구도 쉽게 잊히는 것이다
머리카락은 나뭇가지로 뻗고
몸은 검은 바위로 굳어
아슬한 눈빛이 눈물로 흘러가지만
기댈 수 없는 벽에 가로막혀 뒷걸음질치고 마는
새의 부리도 닿지 않는 천장 높이 솟은 강물을 어떻게 오를까
나뭇가지로 길을 내어 손목을 부여잡을까
구름은 당신과의 약속을 모른 체 하늘의 비상구를 넘어간다
과녁의 응시를 아랑곳하지 않는 궂은 날씨에도 방향의 조준 따윈

중요하지 않다
　당신을 어떻게 지나갈 수 있을까
　문이 없는 문 앞에서 봉두난발로 서서 우는 수밖에
　당신은 발목이 부러진 바람만도 못하다

동피랑에서
–임진각에 고함

이 장 곤

해 지는 즉시
쥐새끼조차 사라지고
동트는 즉각
남녘 동녘 구둣발로 몰려오는
한반도 남쪽 끝머리에서

200자 원고지 12매 분량으로 올라간다

상관없이

경계 완벽한 가능성의 끝
조선 통제영 동포루,
적막(寂寞) 고요로부터.

*동피랑 : 경남 통영의 산동네로서 벽화마을로 유명하다. 2007~2008년부터 격년으로 벽화 공모전이 열리고 있으며, 통영의 관광명소가 되었다. '통영(統營)'은 조선 삼도수군통제영(三道水軍統制營)에서 비롯되었다.

철원

이 진 희

푸른 하늘을 지붕 삼아 가을볕을 우뚝 떠받치고 선 노동당사는 오른편 풀밭에 한 쌍의 소풍 온 연인을 태연하게 손님으로 맞고 있었다. 손바닥만한 돗자리 위에서 어깨를 맞대고 책을 읽던 머리칼 희끗한 사내와 그 또래 여자는, 주변을 오가는 방문자들과는 다른 시간에 개입한 듯, 내려앉자마자 시든 국화에서 날아오르는 나비 날갯짓 같은 입맞춤을 불현듯 펼쳐 보이고는 무슨 일 있었냐는 듯 각자의 세계 속으로 빠져들어 갔다. 홀연하고 쓸쓸한 아름다움. 헛것을 보았던 것인지도 모르지. 어쩔 수 없이 사라지지, 생생했던 한 시절. 추문을 지어내려면 지어내라지. 건널 수 없다는 경계 저 너머 뻔히 보이는 민둥산에서 번지던 산불. 속수무책 피어오르던 연기. 서에서 동으로 전진했다는, 바로 세우고 싶은 것이 너무나 많았을 머나먼 옛날의, 너무나 씩씩하고 싱싱했을 어떤 발걸음들이 비무장 상태로 갇혀 있다. 묻혀 있다. 공교롭다. 억지로 나쁘게 기록하는 사람들이 있다면 울면서 기억하는 사람들이 있다. 있었다. 제대로 기억하는 한 속수무책만은 아닌.

풀의 내력

이 향 란

구름을 키우지 않는 하늘
햇빛을 다그치지 않는 바람
총성이 쌓아올린 건물과 시간이 끊긴 철로에서
상처로 자란 나무는 말한다

사람이여
그대 풀잎 같은 이여
싱싱한 마음이 흐드러지는 날엔
홀연히 빈손으로 다녀가시라
녹슨 빛과 그늘이 뭉클뭉클한 숲을

사람이여
더욱 풀잎 같아진 이여
창 없는 하늘 아래 드러누웠다가
아무 일 아닌 듯 초록초록 일어나 보아라

풀이 된 그대여

철원에서

임 덕 연

철원 월정리역에 가면
구형 탱크와 장난감 모형 같은 전투기가
안보 관광 상품으로 팔리고 있다.
철길도 없는 곳에 철마가 고철로 팔리고 있다.
달 지기 전 천 번 손길로 물을 떠
아버지 병 낫게 한 효녀이야기가
효 상품으로 팔리고 있다.
청정 무공해 유기농 철원 오대쌀과
도토리 가루와 지역 막걸리가 팔리고 있다.
고사리 취나물이 팔리고 있다.

평화 전망대 오백원짜리 북쪽 전망이 팔리고 있다.
철의 삼각지와 궁예성터와 피의 능선 옛 기억이 팔리고 있다.
독수리와 두루미 기러기 철새 편대가 팔리고 있다.
허물어져 가는 노동당사와 승일교가 팔리고 있다.
한탄바이러스와 임꺽정 캐릭터가 팔리고 있다.
시멘트 정자 고석정이 팔리고 있다.

한탄강 절벽과 래프팅이 팔리고, 남자 성기 모양 벌떡주가 팔리고 있다.

통일은 대박, 통일이 팔리고 있다.
반백년 분단이 고착화되어 지구촌 유일 분단 국가라고
쪽 팔리고 있다.

달우물역

정 수 자

기적인가 귀 모으면 두루미들 발 씻는 소리

삼방 눈쯤 묻혀오나 구름도 차게 떠는데

이정표 벌 서는 너머 역사 홀로 삭는 소리

철로 다 녹도록 헛말들만 녹을 쌓고

하 뜨겁던 손차양들 하마 식는 월정리역(月井里驛)*

기적도 울 자리가 있어야 용틀임 뽑아 솟는데

일갈하듯 두루미만 이마를 치며 오가는

철원역 ← 월정리역 → 가곡역 곧 원산이건만

가곡(佳谷)이 아라사보다 멀다, 곧 가려니 했건만

*경원선(서울↔원산, 1945년 개통) 남녘의 최북단 역으로, 북녘 노선은 '가곡(佳谷)-평강(平康)-복계(福溪)-이목(梨木)-검불랑(劍佛浪)-성산(城山)-세포(洗浦)-삼방협(三防峽)-삼방(三防)-고산(高山)-용지원(龍池院)-석왕사(釋王寺)-남산(南山)-안변(安邊)-배화(培花)-갈마(葛麻)-원산(元山)' 이었다.

월정리역(月井里驛)

정 용 국

달님은 우물 안에
와선에 들어 있고
서울로 원산으로
떠난 이 소식 없네

다 해진 철길 자락만
기다림에 휘어진

눈물을 끌어안고
울지 않는 무딘 구름
곰삭은 시간 위로
허기만 몰려오고

지금도 생손을 앓는
길 위의 저 몸살들

나의 꿈

차 옥 혜

한반도 비무장지대!
무기 없이 사는
동물과 식물들만 사는 땅
무기를 쓰는
사람은 살 수 없는 땅

모든 무기 묻어버리고
오직 생명, 사랑, 평화로
남북한 사람들 식물, 동물과 함께
온통 한반도를 비무장지대로
통일했으면 좋겠네
세계 사람들 식물, 동물과 어우러져
지구 전체를 비무장지대로
통일했으면 좋겠네
그 세상에서
존재하는 모든 자연과 목숨들이
낮에는 해님이면 좋겠네
밤에는 달님, 별님이면 좋겠네

산북 마을, 그 먼

최 기 순

키 큰 전나무 숲 군사기밀도로가 전부인 마을은 겨울이 깊을수록 흰 산이 우뚝 솟아올랐다

시렁 위 싹을 틔울 감자들 아직 눈이 깜깜하고 할아버지와 할머니 어머니와 고모들 구부러진 못처럼 박혀 양말을 깁고 가마니를 짜고 잡곡에 무채와 말린 산나물을 섞어 밥을 짓는 어머니는 철산 겨울이 맞닥뜨린 범의 숨소리 같다고

마당의 빨래들 뻣뻣하게 언 채로 눈을 맞고 눈송이들이 창호지에 보푸라기처럼 달라붙는 밤 삼촌이 눈 묻은 야전잠바 주머니에서 불쑥 건빵을 꺼내주고 갔다

할아버지의 느릿한 옛이야기는 추녀 끝 고드름이나 단단하게 할 뿐이지만 등불 건 툇마루까지 눈이 쌓이고 소맷부리가 해진 옷을 머리맡에 두고 잠들면 가오리연이 새하얀 꼬리를 흔들며 유영하고 눈의 아이들은 썰매를 타고 은하수를 흩뿌리며 달아났다

그런 아침은 참새 떼가 새파란 공중을 향해 언 나뭇가지를 차고 올라 시리고 맑은 향의 구슬들이 챙챙챙 쏟아져 내렸다

DMZ

한 우 진

북쪽에선 무장한 인민복이 누르고
남쪽에선 국방색 철모가 떠미는
248km의 거대한 샌드위치

월정리역(月井里驛)에서

홍 순 영

어떤 기억은 기적 소리를 내며 달려온다

월정리 역 앞 소녀의 동상, 때 묻은
전설 속 소녀의 눈물이 기어코 달을 삼켰을까
우물을 길으면 벌건 달의 눈물이 한 바가지

철원평야에 넘실거리던
무거운 머리를 쓰다듬던 바람은
이곳에서 잠깐씩 멈추었겠지

끊긴 철길 앞에 무릎 꿇은 기차는
여전히 일어설 줄 모르고
우리는 좀 더 먼 곳까지 가고 싶었다
손으로만 만져보는 가곡(佳谷)역까지라도

'달리고 싶다' 는 오늘은
쉽사리 어제가 되고

내일은 기적소리도 없이 당도한다
무장지대를 함부로 넘나드는 마음
아무도 몰래 바퀴를 굴린다

텅 빈 대합실 유리창으로 진입하는 햇살
전등갓 위의 먼지들 천천히 하차한다

이곳에선 기다림도 녹슬어
단풍처럼 떨어진다

시천주 오늘
-2014년 10월 9일

홍 일 선

남한강 억새꽃들
큰빗이끼벌레 얼굴
마주하기 괴로운 듯
근래 강물이 흐르지 못해
모래무지 숨소리 듣기 송구스러운 듯
느릿느릿 해가 떠오르는데
모천 찾아준 백학 한 마리
가슴에 모시고
구철원 비무장지대 친견하러
새벽길 나선 이 있다
예닐곱 시간만에 닿은
지뢰꽃너머 평야지대 곳곳에도
쌀시장 개방은 죽음이라는
현수막이 웅성거리고 있었고
무너진 노동당사를 지나
월정리역 두루미 마을을 지나니

한때 북괴라고 불러야만 했던
조선민주주의 인민공화국이 지척이다
민통선 너머
추수가 끝나지 않은 들녘
만산홍엽의 시절로
막 들어가려는 오성산께서도
남녘 평화전망대 찾아온 이들
아프게 바라보아야 했으리라
어떤 이는 상처받은 진경산수를
또 어떤 이는 버림받은 서정시를
이야기하고 있었는지 모르지만
어여쁜 씨앗들 꽃 지켜줄 수 없는 나라
온유한 서정시를 쓸 수 없는 시대
대한민국을 그리워하지 말라!!고 쓴
하이얀 종이학 백학 한 마리
비무장지대로 날아갔을 것이다
그때 세월호 참사 177일째
시천주 인내천 하루 해가
고요히 지고 있었으리라

제2부

자선 시

석이(石耳)

권 오 영

굳어지지 않으려고 돌이 되어간다

돌이 되어가면서 돌이 되지 않으려고
평생 오물거리던 입
그 속에 갇힌 말들 너무 많은 식욕들
명복으로 빚어진 술잔이 오가는 시간들

오래 빚어온 말을 잘 듣기 위해
귀들은 팔랑거리는 습관을 버리지 않았다
두 귀는 칼처럼 날을 세운다

오른쪽 귀가 왼쪽 귀를 끌어당겨 면상에 척 붙이고야 말았다

면적을 넓혀가는 버섯들
덕지덕지 들러붙어 주술처럼 영결을 외우는 봉투들

돋아나는 귀들 쑥쑥 자란다

빈틈없이 단단하게 살아라
바싹 갖다 댄 귀, 잘 들리는 말
꽉 다문 입 속으로 사라졌다
사라지는 건 사라지는 거다

외부인출입금지 스티커처럼 달라붙은 귀
구멍이 보이지 않는다
사라진 길 끝에 서서 바위처럼 캄캄해질 때
잃은 것도 없고 얻은 것도 없다고 여긴다

잊히는 건 잊히도록 두는 일 많아지면서
귓속에 버섯이 자라기 시작하는 걸 보고야 말았다

이사

권 혁 재

감잎 떨어진 이부자리를
걷어내어도 아버지,
여전히 잠자고만 있네
늦가을 볕이 들어
차가운 바닥 흙을 달구어도
곤한 낮잠을 자는 듯
기침을 할 줄 모르네
해가 중천에 뜨기 전까지
세간 살림을 챙겨
누옥을 비워줘야 하는데
아버지, 빈 몸뚱이 뿐이네
산새가 쪼아 먹다 백골만 남은
빈집을 지킨 아버지
감나무에 걸린 바람이
심장을 후비며 지나갔는지
아버지의 휑한 가슴에서
휘파람소리가 새어 나오네

손을 대면 부서질 것 같은
육탈이 된 가벼운 몸 위로
바짝 마른 감잎이 떨어지네
아버지 여전히 잠만 자고 있네

사촌과 나와 모비딕

권 현 형

적도를 통과한 적 있는 그는 배 멀미의 고통이
수박만한 돌덩이 크기라는 것을 안다고 말했다
돌덩이들이 머릿속을 뱃속을 굴러다니다 고요해졌을 때

제 얼굴을 가만 쓰다듬어보았을 것이다

남태평양 난간에 서 있어야 할 사촌이 어시장에 앉아 있다
자신이 부산에서 냉동 공장을 다닌다고
친척들한테 알리지 말라고 했다 난중일기를 쓰는 대신
그는 중불의 화덕에 가시 많은 청어를 구워먹고 있다

커피를 사발로 마시고 그물 위에서 자고 바닷물로 빨래를 하고
걸핏하면 삼박 사일 자지 않고 물고기를 잡았다던 그는
육지에서 빈 종이박스처럼 헐거워 보였다
그의 어머니는 그가 선장이 되어 세 번째 항해를 떠났다고 말했다

복어 회를 떠주던 허리 굽은 노파가

오후 세 시, 아침 겸 점심으로 짬뽕을 시키며 할복하는 곳이라고
자신의 처소를 일러 준다

할복하는 곳이라니, 위험천만한 곳에서
사촌은 전투를 끝낸 사람처럼 올이 빠진 미소를 짓고 있다
누나와 나는 정반대의 삶을 사는 것 같아

사촌은 시의 망망한 테두리보다 더 망망한 모든 것의
테두리를 잘 알고 있는
흰 고래 모비딕의 눈을 갖고 있다

철도원

금 은 돌

견갑골 사이로 총알이 관통한다. 무엇을 먼저 흘려야 하나?

비상구는 이미 비상구가 아닌 지 오래 방어선을 뚫고 나가려는 찰나, 저 총구 앞에서 어떤 표정을 지어야 하나? 정부군에게 포위되어 무슨 색깔을 내밀어야 하나? 붉은 피가 떨어진 자리에 입김이 사라진다. 신음을 어디로 거두어야 하는가? 나는 신에게 올리는 제물조차 되지 못한다. 파리가 흘린 타액이 눈동자를 희롱한다. 예정된 조문처럼 바람은 눈물을 흘리지 않고 입 안에 서걱거리는 심문, 곧 황사가 몰아닥칠 것이다.

철로 위를 가로지르는 까마귀
누군가의 하늘을 파먹는다.

고등동 여인숙

김 대 술

비탈져 내려오는 골목길
아무도 찾아오지 않는 겨울
등불 앞세운 저녁 햇살이
여인숙에 먼저 와서 기다린다

길을 걷는다는 것은
외로움이 그리움을 업고 가는 것

신세진 겨울을 갚기 위해
비닐봉투에 친구 이름 넣어 불러주면
두터운 빙벽 이기며
제비꽃 생글거리는 미소 피어난다

화물트럭 운전기사
무너지는 뇌졸중만 남고
질주하는 광장을 바라보던
길다란 무료급식 줄에서 만난 삼년 전과

똑같이 춥지 않다

운전석 한 평에서
여인숙 방 두 평으로, 고만고만 열댓개의 방
이불 한 채, 가스버너, 밥통과 수저
그의 지친 몸처럼 엎어진 막걸리 병

찌그러진 양은냄비에 익어가는
인도산 향긋한 카레 냄새가
노을처럼 맛있다

따스한 군불로
신세진 겨울 지필 때
상처난 것들 안아주는
고등동 여인숙

진창에서 피어오르는 연꽃

김 선 향

이제 아득해지는구나. 그토록 무거웠던 생애가 겨우 가벼워지려나 보다. 내 슬픔이 끝나가는구나. 붉디붉은 꽃상여에 태워 열 다섯에 떠나온 고향, 꿈결에만 수없이 다녀왔던 그 고향을 한 바퀴 돌아주오. 눈물을 거두고 나를 기억해다오, '강덕경'을. 일본군 위안부 '하루에'를.

잠꼬대를 다 하네.

가랑이를 벌리고 누워 '이랏샤이마세(어서 오세요)' … '이랏샤이마세(어서 오세요)' 이—랏— 샤— 이—마—세—

오늘은 지독한 일요일였어. 불개미 끓듯 신 명의 일본군인들이 내 몸을 짓밟고 지나갔어. 용암처럼 뜨거워진 살 사이로 피고름이 흘러내리고 다리는 붓고 또 부어 일어설 수조차 없네. 시궁창처럼 더러워진 내 몸이 끔찍해 눈을 감았네.

한 달에 서너 차례 606호 주사를 맞아야 했지. 우릴 위한 주사는 아니였지. 차질 없이 전쟁에서 승리하기 위한 방편였을 뿐. 주사를 거부하다 일본장교의 군홧발에 깔려야 했어. 성병에 걸려 조선 처녀들을 유린한 일본군인에게 복수하려던 참였지. '이 독한 조선년' 욕설을 내뱉는 그에게 침을 뱉고 동굴에 끌려가 열흘이나 갇혀있었지. 물 한 모금 마실 수 없었지만 차라리 동굴은 아늑했어. 아아 이대로 눈 감을 수 있다면.

그러니까 1942년 5월, 부산. 우린 하나같이 하늘색 원피스를 입고 산더미 같은 배에 올라탔네. 흰 밥을 배불리 먹고 돈도 번다고 했지. 굶주림에서 벗어나 목돈을 들고 고향에 돌아올 날을 꿈꾸며 마냥 행복했어. 시모노세키에 도착해 기차를 탔네. 도야마현의 후지코시 비행기 공장에 도착했네. 소금 뿌린 주먹밥 한 덩이로 하루를 견뎌야했네. 하루 열두 시간씩 노동했네. 한푼도 주지 않았네. 뱃가죽이 등짝에 달라붙어 허릴 펼 수 없었네. 마음 맞는 언니와 모의를 했네. 그믐밤, 도주하다 그만 헌병에게 붙들렸네. 나를 트럭에 태웠네.

대여섯이나 되는 군인들이 달려들어 옷을 벗기기 시작했네. (어머니, 제발 도와주세요) 난 어떤 저항도 할 수 없었네. 두려움에 떨며 울기만 했네. 차디찬 눈물만이 트럭 바닥에 흥건히 고였네. (어머니, 잘못했어요)

그게 시작였네. '하루에' 란 새 이름을 얻었지. 광동,랑군,라바울,파라오,오키나와… 머나먼 이국의 땅엔 어김없이 위안소가 있어 우릴 반겨주었네. 자살을 하는 벗들도 여럿 있었지. 하지만 난 살고 싶었네. 고향 바다와 어머니를 떠올리면 난 그저 살아야 했네.

폭풍이 한차례 휩쓸고 지나간 아침, 맑게 씻긴 바다를 들여다보네. 열다섯 처녀인 내 몸을 꿈꾸네. 부질없는 꿈이네.

만신창이가 되어 고향에 도착해 새벽빛 사이로 보았네. 정화수 떠놓고 기도를 올리는 어머니의 뒷모습. 먼발치에서 바라만 보았네. 차마 사립문을 밀고 들어설 수 없었네. 나지막한 목소리로 한 번 불러보네, 어머니! 나, 그 길로 돌아서야 했네. 울음을 삼켜야 했네.

고향을 등지고 갈 곳 없는 떠돌이 신세가 되었네. 바람처럼 부랑자로 떠돌아야 했네. 안 해본 일이 없었지. 식모살이에 행상에 막노동을 전전하던 어느 해 겨울, 산동네 쪽방에서 한 소녀를 만났네. 면도날로 동맥을 끊고 죽음을 기다리던 소녀를 구했네. 두 목숨을 살려 놓았네. 봉긋하게 부풀어 오른 배 속에선 생명이 움트고 있었다네.

그날 밤. 누구에게도 말할 수 없었던 슬픈 이야길 들려주었네, 다 지난 이야기를, 아니 끝나지 않은 이야기를. 서로 부둥켜안고 뜨겁게 울었네. '할머님 잘못이 아니에요!' 고요하고 새까만 눈동자가 말했네. 불면에 시달렸던 밤은 끝나고 단잠에 빠져들었네. 모처럼의 평화였네.

내 자궁은 폐허였지만 넌 다르고말고. 순결하고 풍요로운 대지야. 내가 지켜주마. 한꺼번에 딸과 손주를 얻어 품에 안았네. 피 한 방울

섞이진 않았지만 우린 그렇게 됐네. 그녀들이 용기를 주었네. 세상이 귀기울이도록 침묵을 깨라 하였네. 손을 잡아주었네. 뜨거운 손바닥의 힘으로 나는 다시 아프게 읊조리네, 죽음을 목전에 두고. 숨이 끊어지는 순간까지. 다 지난 이야기를, 아니 끝나지 않은 이야기를.

잠꼬대를 다 하네.

가랑이를 벌리고 누워 '이랏샤이마세(어서 오세요)' … '이랏샤이마세(어서 오세요)' 이—랏— 샤— 이—마—세—

*한국정신대문제대책협의회 · 정신대연구회 편, 『강제로 끌려간 조선인 군위안부들-증언집1』 가운데 故 강덕경 할머니의 증언을 참고하였습니다.

실종

김 영 주

행거에 걸쳐 놓은 코발트빛 스카프에
난데없는 검은 실밥 도르르 말려있다
무심코 비벼 떼다가 소스라치게 놀란다

캡슐처럼 터져버린 보리알만한 무골충
손끝이 아찔하다
세면대로 달려간다
수돗물 콸콸 틀어놓고 부르르 떨고 있다

어린 목숨 지워버린 몰래 지은 죄보다도
온종일 떠나지 않는 생생한 손 끝 기억
아무리 떨치려 해도 떨쳐지지 않는다

어렴풋이 드러나는 어둠 속의 틈입자
온 방을 더듬었을 애 다 끊긴 저 어미
새까만 거미 한 마리
울

먹
울
먹
내려온다

너를 사랑했던가

김 왕 노

들판에 지천으로 핀 망초 꽃은
차마 혼자 한 그릇 밥 비울 수 없어
정성스레 숟갈로 떠서 뿌린
고수레의 하얀 밥알이 아닌지
제발 어디서든 잘 먹고
잘 살아있으라고 물 잘 맞추고
뜸 잘 들인 잘 지은 밥알이 아닌지
너를 사랑했던가. 미워했던가.
이제는 잘 생각나지 않지만
천남성 꽃 핀 언덕에 기어코 올라
이름 하나 입술에 머금고 서는 것은
너를 사랑했기에, 미워했기에인지
알 수 없지만 지금 무성한 기다림
낮달 아래 고이 말려 네게 전하려는
그리움의 한 권 필사본이 아닌지
너를 사랑했던가. 미워했던가.
천년 후에도 여전히 물음으로
내 입술에 물방울처럼 맺혀있을 테지만

어느 해 오월

김 천 영

구십 년대 초반 어느 해 오월, 나는 광주로 가는 무궁화호 열차 안에 있었다 친구와 나는 삶은 달걀에 소주를 마시며 막연한 불안과 두려움을 애써 감추고 있었다 짧은 말과 침묵이 반복되다, 이내 우리는 창밖만 바라보았다 이 열차는 지금 광주로 가고 있다는 차장의 안내 방송이 나오는 동안, 유리창에 붙은 꽃잎이 빗물에 흔들리고 있었다

영원한 청춘의 도시, 우리들의 십자가인 광주*

열차는 긴 터널을 지나 남도를 향해 가고, 나는 땀이 젖은 손을 만지작거리며 열차가 덜컹거리는 소리를 말없이 듣고 있었다 그해 오월, 나는 광주로 가는 열차 안에 있었다

*김준태 시인의 시 「아아 광주여! 우리나라의 십자가여!」 중에서

오늘

김 현 성

빨랫줄을 봐
바지며 웃옷이며 양말짝들이
매달릴수록 팽팽해지는
한낮
그림자의 키는 줄어들고
나는 축 처져 늘어지네
빨랫줄만큼도 긴장 없는 날들
'팽팽해져라'

접시

박 설 희

오늘은 경사진 하루였지 자꾸 미끄러지는데 거머쥘 것이 없었어 나뭇잎은 떨어지고 이마에 핏줄이 섰어 어쩌자고 새는 내 정수리에 앉아서 계속 쪼아대는 것인지 누군가에게 난 십 년째 실종 중이라네

나, 이 평발은 유전이네 태백산맥을 가로질러 숱한 마음을 밟고 꿈 속을 걸어오는 동안 나는 기우뚱거렸지 그럴수록 뚜벅뚜벅, 땅에 기대고 살았던 조상들과 평생 공사판을 전전했던 아버지의 발자국 소리가 그러했을까 뚜벅뚜벅, 발을 땅에 밀착시키고 그 단단함과 하나가 되지

발에 새겨진 유전의 흔적은 나를 쉽게 지치게 해 힘줄이 당기고 중심이 흔들리고… 젖지 않으려 에돌아 간 모래언덕에선 발이 푹푹 빠지고, 난 결국 바닷가에 이르렀지 낙지 한 접시 시켜놓고 토막 난 다리와 몸통을 뒤적여 보는 중인데,

목포 앞바다, 그물에 매달려 올라오네, 낙지가, 수천 년 된 고색창연한 접시를, 제 몸집보다 훨씬 큰 접시의 문양을, 제 몸에 새길 듯

이, 꽉 움켜쥐고, 올라오네, 의기양양하게 눈알을 굴리며 머리를 내두르며, 들어올리네, 접시를, 켜켜이 내려앉은 시간을, 텔레비전을 지켜보는 몇 만 개의 눈동자를, 번쩍,

나도 덩달아 다리에 불끈 힘이 들어가 발을 쾅쾅 굴러 보았지 뼈를 타고 올라오는 단단한 반동이 기분 좋더군 이윽고 서류에 도장 찍듯 나는 한 발 한 발 신중하게 걸음을 옮겼지 다시는 미끄러지지 않을 것처럼 땅의 흔적을 다 몸에 새길 것처럼

저는 모란

박 완 호

모란의 삼월은 절름절름 다녀간다.
어느 결에 봉오리를 맺고 잎을 떨구었는지
모르는 사이 모란은 드문드문 풀어놓은
숨 가쁜 봄 근황을 바삐 주워 담는다.
출근길의 모란역 지하도,
소아마비라도 앓았는지, 저만치
한 여자가 기우뚱기우뚱 지나간다.
구부러진 양 날갯죽지는 아예 주머니에 구겨 넣고
자꾸 옆으로 새는 걸음을 가까스로 추슬러가며
한 발 한 발 앞쪽으로 걸어가는 중이다.
느릿느릿 허나
가야 할 곳으로 기어이 나아가려는
눈부신 전진,
사방에서 폭죽처럼 터지는 눈길 따위야
아랑곳없이 써 내려가는 명문(名文) 같은.
쓸데없이 바쁘기만 한 나는
서둘러 그녀를 추월하고야 말지만

눈앞 유리에 비친 세상 속 그녀는
잰걸음으로 막 사각에 접어드는
내 손끝으론 만질 수 없는 곳에 핀
환한 꽃, 저는
모란이야,
눈앞이 절정이다.

술독

박 해 람

얼굴에 술독을 묻어두고
몇 년을 살았다.
가장 먼저 취하는 부위에 표정을 박아놓고 허튼소리를 느슨한 뚜껑으로 밀봉해 놓고
비틀거리는 걸음으로 열 두 걸음
딱 그쯤에 묻어놓은
술독이 있다.

머리카락 속에서 빼낸 손으로 얼굴을 문지를 때 혹은, 추워서 몸의 가장 먼 곳의 뼈들조차 덜덜거릴 때
술병의 윗부분부터 취하는 방법을 알아냈을 때
부모의 지도(指導) 없이 배운 것들은 다 헝클어진 위안이 되는 것을 알아챘을 때
가장 아름다운 치맛단이 지나가는 곳에 묻어놓은
휩쓸린 얼굴이 있다.

먼 곳의 친구는 새로 배운 외국어로 욕을 했다

양귀비꽃에다 술을 부어놓으면 술독은 스스로 뚜껑을 열고 닫을 줄 알아서
꽃의 향기는 수시로 술독을 비우고
그 때 따라 마신 술은 스스로 발효되며 취하는 얼굴이 된다.
도수(度數)는 온도(溫度)여서 얼굴이 덥다.

기끔 묻어두고 찾지 못하는 술독이 있다
우리는 몇 마디 말에다 술을 부어놓았었다.
보폭으로 묻어 놓은 취기가 시큼해졌을까
표식으로 꽂아두었던 더운 날씨는
저 밑까지 침전.
아름다웠던 치마의 무늬들은 휘발성으로 날아가고 없다.

술은 자꾸 말을 휘젓는다.
휩쓸린 관계와 휩쓸릴 줄 아는 관계를 칭송했었다.
술이 깨는 방향으로 맹숭맹숭 돌 때가 더 어지럽다.

북 치는 소년

박 홍 점

머리칼은 검고 주름은 깊은 노파가
달빛 아래서 쥐어 주는 대나무
그것을 붙잡고 몇 번 울다가 떨다가 자다 깨다 했다

그날 이후 북 치는 소년이 나에게 왔다
커다란 북 하나 들고 와서는
일어나! 일어나라고!
잠자려는 심장에 대고 거칠게 문을 열었다 닫았다 한다

그리하여 나는 지금 안절부절 소년
방향을 알 수 없는 구름다리 위 벌거숭이
예상치 못한 방문에 시선을 어디에 놓아야 할지
신발의 앞부리를 어디에 두어야 할지

곧 수염이 돋아날 거야
천방지축으로 여드름도 싹틀 거야
미세먼지에 밥 말아 먹는 소리들 늘어놓으며

소년은 나를 들었다 놓았다 한다

소년이 온 뒤로는 계절도 없어
겨울의 정점에서 설원의 첫 발자국 유자크러쉬를 빤다
생밤을 깨문다

무릎에 손목에 혀가 머무는 항구의 안쪽
지워지지 않는 푸른 멍들
의자 등받이에 닿도록 엉덩이를 깊숙이 넣어도
어느 곳이나 바람 부는 난간
걸터앉은 외나무다리
부서진 철제 빔 위를 두 팔 벌리고 걷는다
그리하여 어디로 튕겨져 나갈지 모르는
안절부절 벌거숭이
소년은 자란다

고드름

방 남 수

한겨울 추위 속에서만
이빨 세우는 놈들
어둠 속에서 으르렁대는 놈들
아침 햇살 떠오르면
자취도 없이 사라지는 놈들
저 혼자 허공을 찌른다

모과나무

서 수 찬

우리 회사 앞에
모과나무 한 그루가 있다
그 나무에는
열매가 익기 전에
따먹지 말라는 푯말이 걸려있다
모과 열매를 따먹는
사람이 있긴 있나 보다
못 생기고 누가 몇 백번을
주물렀다 폈다 하면서 구겨놓은 열매
어디서나 다 보이게 얼굴은 왜 그렇게 큰지
신문지를 덮어두고 싶은
나도 시집을 내면 시집 앞에
제목 대신에 시가 익을 때까지
읽지 마세요,라고
적어 놓아야겠다
내가 몇 백번 주물렀다 폈다 해 놓은
내 모과들.

자운영

서 정 택

그를 다시 만난 곳은 어느 공사장이었다

모닥불에 탁탁 튀는 음영 짙은 눈망울

그것은 아무리 봐도 산 자 것은 아니었다

한 개 두 개 던져 넣는 각목 빠개 만든 장작

못들을 박아 넣은 망치자국 선명하다

어쩌면 신기전처럼 복직운동을 까부쉈을

찌그러진 주전자가 몇 순배 돌고 갔다

스티로폼 엉덩이를 비집고 나온 넝쿨

아직은 괜찮다는 듯 새파랗다, 봄빛이…

나무 무덤

서 정 화

바냔나무* 너른 품에
층층 앉힌 무덤들

죽은 아기 영혼들이
잠시 쉬다 가는 자리

새 별을 만드느라고
파란 하늘이 흔들린다

*인도네시아 또라쟈 마을에서는 아기가 죽으면 바냔나무에 묻는데 '이기무덤나무'라 불린다.

코드code

성 향 숙

동트기 전 외출은 잠깨 눈 비비는 사람들이 들창 열고 날씨 대신 날 의심한다 때로 밖의 동태 살피지 않고 외출하다 복병처럼 소나기가 말 걸어온다 어느 별에 사세요? 우산을 안 챙기셨군요? 적당한 구실을 못 대고 얼버무리면 금방 요주의 생쥐가 된다

녹슨 샷시 문 열고 이불을 햇볕에 걸칠 때도 맞은편 동 베란다를 살펴야 한다 우뚝 서서 담배 연기를 뿜으며 이쪽을 응시하는 화성의 남자가 있다

또 거주지를 옮겼다

여긴 공기가 달라 울창한 숲에서 나무와 함께 아파트가 탄생하고 모든 정보는 노른자처럼 중앙 집중식이야 산은 넓은 도로가 되고 논밭은 반디앤루니스, cnn시네마, 게젤샤프트뱅크, 쁘랭땅데파트, 미스터피자, 파리바게트, 밀리언마트…가 된다 이곳에선 쥐도 새도 모르게 사라졌다는 사람이 있다 눈 깜짝할 사이 쿠쿨칸 지하철이 긴 혓바닥으로 도시의 사람들을 먹어 치우고 사람들은 여전히 구멍 입구에 개미처럼 모여 들었다 사라진다 촘촘한 옥수수 알 행렬 속, 행인 1이나 행인 2처럼 신발에 별빛 묻혀 변두리를 배회한다 행렬 따

라 빈 가지 위 참새들이 낙엽처럼 후두둑 떨어진다 달디단 공기에 취해 비틀거리거나 땅에 떨어진 창백한 꽃을 어루만지는 이 시대 식어빠진 낭만주의자가 된다

세 번째 테이블에 앉은 남자와 같은 메뉴를 주문한다 생의 메뉴얼을 오래 들여다보거나 어쩔 수 없는 시간의 포식자가 된다 살아 있는 동안 이 행성의 모든 정보는 몸에 철저히 저당잡힌다

코드명은 눈동자 302, 다음 이사할 내 행성에게 보고할 것들이 많다

폭설

양 정 자

인적 드문 제주 유수암 근처
도예가 고 선생이 손수 지은 그 외딴 나무집에는
아직 생나무 냄새 그윽하고
그가 구운 도자기 질그릇에 담겨 나오는
그 부인의 담백한 음식들

밖에는 30년만의 사나운 눈보라 사정없이 휘몰아치고
굶주려 인근으로 내려온 슬픈 노루도 멀리 언뜻 보이고
회오리치는 귀신의 울음소리 같은 저 바람소리
무거운 눈 견디지 못해 우지끈 우지끈
설해목(雪害木) 부러지는 소리 들려오지만
따뜻한 실내, 벽난로엔 마른 소나무
송진 냄새 풍기며 타오르고 우리는
진종일, 밤늦도록 술 퍼 마시고 거나해질수록
반쯤 미쳐가며 마음속 울분들을 쏟아냈네
제주 치열했던 삶과 역사, 현 정치와 이념들
시와 그림, 살아가는 진진한 이야기들을

타오르는 따뜻한 벽난로 불빛에
집안 구석구석 고 선생 섬세한 손길이 숨 쉬듯 했네
오랫동안 모아온 옛 항아리, 접시들, 글씨들, 돌들
그가 짜맞춘 먹구실나무 탁자 위, 손수 감물 들인 탁자보
자식처럼 돌보는 기기묘묘한 제주 야생란들

술이 거나해질수록 다변스러워지는 강 화백
유자의 우툴두툴한 질감을 내기 위해
노란색 유화 물감을 쏟아 부었다는 그의 유자 그림은
지등(紙燈)처럼 실내의 어둠을 은은히 밝히고
그가 그려주었다는 고 선생 초상화
그 깊고 우울한 표정을 더욱 더 간절하게 했네

선택의 여지없이 눈보라에 갇혀
1박 2일, 운명적으로
모처럼 한가로운 시간에 한껏 취한 우리들
사나운 눈보라 멈추기를 기다리며
발이 묶여 상경하지 못하고 머물렀던
아득한 꿈속 같던 시간들, 나
올해 가장 아름다운 시간들을 거기서 보냈네

갠지스, 노 프라블럼

오 춘 옥

새벽 갠지스 강 가는 길,
빈손 맨발들이 잠 덜 깬 어깨를 건드리며
헬로우, 한 닢을 애걸한다
작은 굶주림이 큰 허기에 손 내미는 꼴이라
길가로 몰리는 일행들 미안한 마음에게 노 프라블럼,
구걸하는 손을 거드느라 옆구리에 끼인 아기도 노 프라블럼,
한기에 질린 아기 엉덩이도 노 프라블럼,
구겨 쥔 하루 치 루피 두어 장으로 웃는다

집 없는 육축들, 멍에와 목줄에서 풀려나도 걸음은 나아가지 않고 먹이를 구하며 어미에게 붙듯 개들은 의심하면서 강물에 코를 댄다 풍경 모두 아무 품에나 발을 묻고 싶어 화장 끝난 잔불 가까이 포개어진 가축들마다 가족으로 진화하는 꿈이 깊다 맨발들, 돌아가는 등짐 깊숙이 여권이며 여비까지 나누자고 혈육처럼 따라 붙는 겨울 갠지스, 노 프라블럼

정산리 5

용 환 신

정산(솔정, 묏산)에 서면
꽃 떨어진 자리 어둠 안고
떠도는 바람까지 거둬
천길 세상 밖으로 떠나는
소리 없는 강 만난다.

오색보자기에 담은 햇살
물안개에 실어 강가에 뿌리면
강은 돌아오지 못한 부서진 넋 부르고
청보리 닮은 슬픔 위해
잠시 멈춰 하늘 길 튼다.

한밤중 깊은 정적 속
정산에 다시 서면
가은 가슴 넘치게 흘러흘러
뜨겁게 손 잡아 일으켜
찢긴 깃발 파랗게 물들인다.

흔들린 발자국 하얗게 지워버린다.

아직도 안방차지 타령꾼들
빗장 뒤에 숨어 노래하고
빈 약속 뒤적이며
아침이 온다
발 굴러 소리쳐 억지 깨우지만
강은 이제 새벽 같은 거 기다리지 않았다.

겨울날의 모든 저녁은 슬프다

우 대 식

지옥을 유예하는 꿈을 꾸었다
내가 원한다면 다음 생애를 이어가며
지옥을 영원히 유예할 수 있다는 꿈
다행이다 싶으면서도
영원 너머 한번은 그곳에 가야 한다는
괴로움에 몸을 떨었다
지상의 소시민이
이렇듯 큰 생각을 하며
지옥 아래 마을을 떠돈다는 사실이
조금은 쓸쓸했다
추운 겨울 저녁
들기름 바른 김을
숯불에 굽던
옛집으로 돌아가
솜이불을 뒤집어쓰고 눕고 싶다
오한 속에서 만나는
지옥의 야차와 일대의 싸움을 끝내고

오랜 잠을 자고 싶다
겨울날의 모든 저녁은 슬프다
봉당에 켜진 알전구처럼
겨울날의 모든 저녁이 나를 기다렸다

비는 그칠 것 같지 않다

우 은 숙

술꾼들이 모여든 단골집 포장마차
하나 둘 술기가 얼콰하게 오를 무렵
후드득 천막 지붕을 빗소리가 때린다

누구는 정치가를 핏대 세워 욕하고
누구는 사회가 썩었다고 삿대질이다
전화가 계속 울려도 약속처럼 받지 않는다

욕은 점점 날것이 된다 의자도 삐꺽인다
어느새 술병까지 소리 보탠 그곳엔
마알간 백열등만이 빗소리를 적는다

도무지 그 비는 그칠 것 같지 않다
술자리도 쉽사리 끝날 것 같지 않다
그렇게 다 젖은 새벽이 다가오고 있다

구절초(九節草)

윤 한 택

태백성(太白星)의 외갓집은 사북(史北) 지나 태백이라고 했다
외할머니는 태백댁을 석탄 기차에 태워 구로동(九老洞)으로 시집보낸 중양절(重陽節)부터
구절양장(九折羊腸) 차곡자곡 꽃잎을 재기 시작했다고 했다
무안(務安) 뜰에서 한 뼘 밭뙈기 일구다 상경한 아빠의 천둥이 번쩍이던 날
아기별은 초롱초롱한 눈망울을 세상에 내놓기 시작했다지만
엄마는 벌통 방에서 심한 산고(産苦)를 앓았다고 했다
아마 그때쯤이었을 거라고 했다
친정어머니의 소포가 검용소에서 남한강을 따라 도착한 것이
얼마만큼 세월이 흘렀는지
태백성이 다시 강원랜드로 되돌아 왔다는 소문이 들려왔다
그러나 그 어느 누구도 구구절절 사연을 이야기하지는 않았다
다만 금성(金星)은 새벽 동쪽 하늘에서 가장 빛나는 별이라고만 했다

화무십일홍(花無十日紅)

이 덕 규

지은 죄도 없이 쫓겨다녔다
더 이상 숨을 곳이 없었다 절벽을 오르다가
한순간 돌아서 어두운 허공 속으로 유성처럼 몸을 날리는 순간,
내 몸속 겹겹이 접혀있던
비상용 구명 날개가 활짝 펴졌다

활짝, 눈 뜨는 순간 호흡이 멎었다

마지막 숨을 참는 동안 약간의 공중부양이 가능한 이곳에서
몸속의 향기로운 핏줄이 다 터졌다

회복기

이 선 균

그믐달이 열흘 이상 지속될 때 있었다.
사막보다 더 건조한 날씨가 이어지고,
벚나무들이 꽃몸살을 앓고 있다. 뒤꿈치가 갈라지고
각질이 하얗게 날린다.
당신을 잃어버린 봄이 언제인지 모른다.
내가 마른기침을 하면 당신도 마른기침을 하던
우리가 처음 태어난 집,
떨어지는 꽃잎 한 장에도 지구가 기우뚱할 거라고 믿었다.
기우뚱한 지구도, 떨어지는 꽃잎도 아플 거라고 믿던, 집.
자주 그 집으로 돌아가는 꿈을 꾼다.
그 시절을 아직도 꿈꾸고 있다니,
당신의 위로, 꽃기침의 방문이 쌓이는
봄이라는 영원한 병실에서
가슴이 다 파 먹힌 그믐달처럼 휘어져야 할 텐데,
난치성 우리, 지병을 달래며 연명해야 할 텐데.

비가 오면

이 은 유

비가 온다.
비가 오면
외롭다는 사람 있지.
비가 오면
생각나는 사람 더욱 생각나는,

비가 오는 날은
아무 데도 나가지 말아야 해.
집안에 갇혀서 붙들어 매야 해.
생각나는 사람 바깥으로 튀어나오지 않도록
아무 데도 아무 데도 나가지 말아야 해.

비가 오는 날은
비가 오는 날은
아무 것도 아무 것도 생각나지 말아야 해.

비가 오면

비가 오면
생각이 비처럼 내리지.
그 사람이 마구 뛰어 들어와
생각이 나서 비가 내리지.

비가 온다.
비가 오면
빗속에 갇혀 버리지.
생각이 멈추지 않아
비가 그치지 않아
당신이 떠날 줄을 모르지.

황도(黃道)를 따라 걷다

이 장 곤

얼른 보면 외곽은 붉은 벽돌의 오래된 성당 같다 몇 겹의 세월이 덧칠해진 문을 민다 심신을 허덕이는 사람들 몇몇 그를 물끄러미 쳐다본다 사람들 사이 식판을 들고 심장 박동을 헤아리는 그는 다면적 인성검사에 시달린 간밤을 떠올리고 있다 채혈 주사가 꽂혔던 정맥 주위가 부어오르고 있다

추석 아침 종일 텔레비전을 시청하다 남근을 지치게 하고 돌아올 것이라면서 외박을 나간 김(金)의 자리를 본다 면회를 마치고 돌아온 장(張)이 풀어 놓은 송편과 포도송이를 들고 탁구를 친다 저녁 어스름이 내리는 감호 창살을 타고 풀벌레 소리가 건너 올 때까지 똑 딱 똑 딱 탁구를 친다

수홍빛 햇살이 침실을 어르고 저만치 비켜섰던 죽음 그들을 마중 나온다

오랜만에 쑥색 똥을 눈 그가 바위에 앉아 머리칼을 센다 까칠까칠 그의 인중에 터럭이 자란다 가요톱텐, 쪽빛 정장을 한 남성 듀오가 티비 밖으로 다리를 뻗는다 그도 다리를 뻗어본다

그들의 발길 사이로
푸르스름한 연기가 피어오른다
식칼을 들고 모락모락 희망을 간다
세상이 제 치마를 걷는다
그에게 푸르스름한 물이 오른다
세상이 제 모가지를 비튼다
아… 모두… 터럭처럼 살아 있다

파묵(破墨)

이 정 원

그늘과 그늘이 겹치면 저녁이 된다
음각된 저녁의 상량문을 읽는다
마음이 물가로 기울고 저녁은 밀주를 푼다 그윽하게 익어서 부글거리는 서쪽

취한 새들이 붉게 물든 부리로 노을을 물고 돌아온다 죽지에 묻혀온 바람에 그늘냄새 깊다

경계에 서면 누구든 기울어진다
자꾸 우묵해진다
슬픔에 슬픔이 겹쳐
꽉 잠긴 목을 풀려고 호수도 이때를 벼른다

호수는 달의 뒷면에서 어둠을 펴낸다
슬그머니 제 중량을 버린다
발효된 표정으로 부풀어 테두리가 없다
얼굴에 얼굴이

물결에 물결이 덧칠을 하는 호수의 하악(下顎)
저어새도 외로운 다리 거두는 때 마른기침의 갈대꽃 야위는 때

저기,
한 사람이 온다 심연에서 걸어 나와 젖은 등뼈를 지고 절룩이며 생의 절취선을 넘는다

포개진 그늘 속에 얼굴을 묻고 매일 저무는 사람, 벽에 자신을 거는 사람 가끔은
심장이 켜져 등피처럼 반짝 밝아지는 사람

먹빛이 출렁, 물결을 끈다

봄에서 여름-겨울방학 일기

이 진 희

슬픔에게 낚아 채인 기쁨*을 들고 더는
팔이며 다리가 까맣고 따뜻하게 매끄러워질 수 없겠지

퉁퉁 분 신발에 돋은
이상한 모양의 보라색 발톱
어떤 무거운 장소로도 옮겨지지 않는 책상들
매미가 우는 골목에서 개들이 짖는다
모든 것이 희미하다

짠물이 된 눈동자
손에 잡히지 않는 육체가 돼 버렸어

여름 냄새를 풍길 달콤한 흰꽃
뼈대가 굵어져 가는 나뭇가지
아빠— 하고 길게 외치는 아이의 목소리

짐승들의 더러운 잠에 등장하는

탈출 불가능한 그물

방학이 끝나갈 무렵에야
곤충 채집을 하지 않은 더운 날 같은 후회가
쓰라린 심장에 표본 되고는 했는데

제출할 일기를 쓰지 않겠다
진짜 악몽은 지금부터일 테니까

햇빛과 그늘의 경계
아니다, 그늘이라곤 없는 물속
숙제가 무엇이었든
여름이 얼마만큼 안타까운 계절이었든
파란 하늘에 떠가는 뭉게구름

내다볼 선창 없는 선실에 그들을 가둘 거야
이제는 이상한 가치가 숨을 거둘 차례야

*이성복, 「너는 네가 무엇을 흔드는지 모르고」, 『뒹구는 돌은 언제 잠 깨는가』 중에서

붉은 기억으로 익어가는 토마토

이 향 란

싼 값에 덜 익은 토마토 한 상자를 샀다. 지금은 파래도 실온에 그냥 두기만 하면 금방 익을 거라고 했다. 정말 그랬다. 하루가 지나면서 붉은 빛이 서서히 돌기 시작하더니 어느 날은 온통 붉어졌다. 토마토는 예전의 붉은 기억에 충실했다. 본의 아니게 그것으로부터 멀어졌지만 되돌아갈 줄 알았다. 푸름을 붉음으로 스스로 물들일 줄 알았다. 그러면서 온전히 익어갔다. 햇빛이나 바람은 절대 아니었다.

사월 말쯤

임 덕 연

버스 안
교복 입은 아이들이
공부를 하고 있다.

중간고사를 보나보다.

차창 밖은 저리도 벚꽃들이
흐드러지게 피어 날리는데

울긋불긋 밑줄 그어진
참고서만 보고 있다.

사월 말쯤

백색왜성

임 봄

소란함이 싫어 어두워지려는가
말을 잃어버린 입 속에 별들이 고이는가
빛의 체온들이 사위어가는 시간의 정점에서
박물관에 전시된 책 표지 얼룩처럼
영하의 체온으로도 노래 부를 수 있다니
긴 하루로 만들어진 짧은 일 년을 견디어
키 작은 어른이 되는 일
늙기도 전에 노인이 되어버린 아이의
굽은 등에 가만히 손을 대 보는 일
등에서 흐르는 폭포소리에 귀 기울이는 일
뒤통수가 예뻤던 눈을 믿다가
손바닥을 서슴없이 보여주던 어제를 믿다가
한 올 흰 머리카락을 믿게 된 지금
팽창도 수축도 하지 않는 회색은
아무리 시간이 지나도 내게 어울리지 않았지
착하다는 말이 칭찬인 줄 알았던 그 밤부터
몸 속의 빙하는 자랐었겠다

들판을 가득 메우던 쥐불놀이를 보던 저녁
그대로 튀어올라 별이 되고 싶었던 그때부터
굴뚝 위에 올라앉은 난장이로 살 운명이었겠다
손가락 사이로 흘러내리던 고해성사들
죽어가는 별 하나 품지도 못했는데
차가운 몸으로 온밤을 죽어야 하다니

너무 이른 사람
-나혜석

정 수 자

세상의 돌멩이쯤 콧등으로 받아치며
온몸을 붓 삼아서 생을 거듭 세웠지만

당신은 외로운 검객
이중의 아픈 식민지

가부장국 철옹성에 펜을 불끈 겨눌수록
쏠고 씹는 가십들이 문전에 쌓일수록

이마가 불타올랐다
손목이 뜨거웠다

애도 집도 다 앗긴 채 결국은 홀로 걸은
칼바람만 등을 치는 선각이란 진창길에

높아서 슬펐던 사람
그 눈이 여직 붉다

첩첩 무등(無等)

정 용 국

봄을 앓는 남도 땅에
그것도 무등산에
접어둘 게 그리 많아
깎아지른 저 서석대
돌 첩첩
시름도 첩첩
제 살을 발라냈다

진달래도 돌아앉아
담뱃불을 붙이시나
온 산에 꽃불 번져
등뼈까지 이글대고

바람도
접힌 갈피를
무릎 꿇고 지켜보는

나무와 풀은 세계를 통일했다

차 옥 혜

나무와 풀은 오래전부터 세계를 통일했다
대륙과 대륙, 나라와 나라, 마을과 마을
너와 나
경계를 모른다
내 나라 민들레 유채 목련 개나리 튜립…
세계 곳곳에서 봄날이면 꽃피고
우리 마을 소나무 전나무 잣나무…
세계 곳곳에서 사철 푸르다
움직이지 못해도
나무는 숲을 이루고
풀은 초원을 이루어
사람과 동물을 품고 키우며 마을을 이룬다
나무와 풀은 제자리를 지키면서도
씨앗을 바람에 태워
씨앗은 산을 넘고 바다를 날아
오직 사랑만으로
세계를 통일했다

아스팔트 위의 고양이들

최 기 순

바닥이 미끄러울수록 우리는 껄렁한 포즈를 취한다 더 이상 넘어지고 우는 따위 딱 질색이니까 맹렬한 허기로 빈 우유곽 한 방울마저 핥고 나면 검은 그림자 숨어드는 난간 위 뿔난 조각달에 걸터 앉는다

스며드는 냉기에 어금니를 부딪치며 성급하게 몸과 몸을 당겨보지만 다가오는 날들의 불안이 툭하면 싸움질로 번지는 우발적 성향 사이에서 잠깐씩 무성해지는 침묵

봄밤은 너무 깜깜해 어둠이 깊을수록 골목의 쇠 응달 뼈에 시릴수록 새파래지는 눈동자 가능하면 섹시하고 쿨 하게 여린 혀를 꼭 깨물고 더는 물러 설 곳 없는 게임의 왕처럼 돌들의 목구멍을 열고 통과할 때

다만 질주에 몸을 맡기고 순간에서 순간으로 통쾌하게 건너뛴다

컷, 오프*

한 도 숙

아버지에게 물려받은 것이라곤
괭이 한 자루 낫 한 가락 그런 것에
민간통제선 유유한 임진강 갯논 열 마지기
욕심은 없어
해 뜨는 여덟시에 들고
해지기 전에 점호하는 농사꾼이야
초병들 앞에서 헛헛하게 넘겨 버릴 줄 아는 놈인데
축축하게 비 내리는 선술집 신세타령이라도 할라치면
철조망 땜에 철조망 땜에
발소리에 나락 여무는데
고장난 전축처럼 술잔을 돌렸지
얌마, 저쪽엔 철조망이 없다
이쪽엔 있는데 저쪽엔 없는 게 정상이냐
낫질 하는데 저쪽도 낫질 하는데
손들어 막걸리 같이 마시자고 손나발로 불러 보고 싶지
근데 그거 금지, 알지?
컷 오프

볏짚을 거두던 친구 한 잔술로 낮잠에 취하고
서늘함에 깨어 허겁지겁
탕탕탕!
고봉밥 하얀 쌀밥 올리는 제상에
임진강을 탓해본들 철조망을 탓해본들
콧물 눈물 뿌려본들
구릿빛 텁석부리
막걸리를 한 바가지를 단숨에 비우던
내 불알친구는 없다

*cut.off : 영농출입 마감시간

서울역

한 우 진

「비상탈출 시 망치로 유리를 깨십시오.」

유리머리를 한
천리만리 갈 것만 같은 사람들이
송사리 떼처럼
좁아터진 계단으로 대가리를 들이민다

동풍이 건듯 부니
부서진 머리들 널브러진 만리(萬里), 염리(鹽里)

나무의 자궁

홍 순 영

집 앞 벚나무가 오늘 아침에도 정수리 뾰족한 아이들을 수십 명이나 낳았다
잎사귀뿐만 아니라 꽃도 낳고, 열매도 낳고
심지어 새들까지 낳는,
출산을 멈추지 않는 저 싱싱한 자궁
나무가 도마로서 이생을 부여받았을 때
가장 두려워한 것은 철썩, 부딪쳐오는 목숨
낯선 살점을 떼어먹는 동안, 자신의 생살도 내주어야 하는
우로보로스*의 고리에 목이 꿰인 것
비명으로 떠나간 얼굴들 대부분은 원색주의자
도마는 좀체 가시지 않는 냄새를 삼키며 남은 생을 견딘다
그녀가 젖은 도마를 가스레인지 위에서 말리고 있다
팔이 아프도록 이리저리 돌리는 사이, 스며든 화기에
도마는 얼마쯤 화상을 입었을지도
달구어진 도마가 숲을 떠올릴 때, 발등 위로 푸른 딱지가 내려앉는다
나이테를 박음질하는 빗소리 들려오고

한 그루 나무로 빗물을 받아먹던 기억 팽팽해진다
어미를 추억하며, 우묵한 곳에 머리를 묻고 싶어 하는 날것들
도마 주변을 기웃거리는 동안
어둑하니 깊어지는 몸
그 속으로 다시금 한 무리의 살내음이 밀려드는 시간,
잘게 부서지고 으깨져 스며든다면, 나무의 자궁 속으로 회귀할 수
있을까
건조했던 도마에 다시 물기가 돈다

*그리이스어로 '꼬리를 삼키는 자'란 뜻. 불교에선 윤회를 의미. 바퀴처럼 끝없이 회전하는 원형적 이미지로 영원성을 의미한다.

나 지금 그 길 알지 못한다

홍 일 선

돌모루 그 마을
푸른숲으로 가는 길 잃어버린
시가 불쌍하다
시는 나같이 죄많은 자들이 숨어
동서해야 하는 것인지도 모르지만
어릴적 순정한 희망
오래도록 지켜주셨던
석우리 진산 큰잿봉
붉은빰멧새들이 떼지어 날아들면
우세두세하시는 잡목림
좁다란 오솔길 가는길 안부를
나 지금 알지 못한다
두집뫼 애기똥풀꽃 서러운 향기도
내 시는 기억하지 못한다
어린 오리나무 잎새들
살포시 보듬어 안아주는
바람소리 놓치지 않고

큰잿봉숲으로 돌아오던
돌모루 저녁 작은새들
그리운 시간 서쪽
꽃의 아픈 눈빛에 머문 이름들
다시 불러내지 못하는
돌모루와 해로하지 못하는
내 시들이 참으로 불쌍하다

제3부

자선 산문

기이한 인연

김 학 민

참으로 기이한 인연이라는 생각이 들었다. 지난 10월 초던가, 전라남도 보성에서 전혀 알지 못하는 남자 분으로부터 전화 한 통이 걸려왔다. 성공회대 한홍구 교수로부터 내 전화번호를 알게 되었다며, 자기 선친과 20여 년 전 고인이 되신 내 아버지가 친구지간인 것 같아 수소문해 연락했다는 것이다. 그의 밑도 끝도 없는 이야기에 그 근거를 물으니, 자기 아버지의 자료를 정리하던 중 판결문에 내 선친 이름이 나와 한홍구 교수에게 물어 그 분의 아들이 나라는 것을 확인했다는 것이다.

하여튼 간에 자초지종을 들어보니, 그 판결문(그때는 무슨 사건의 어떤 판결문인지도 몰랐지만)에 나온 '김윤식(金允植)'이라는 이름은 내 선친임이 확실하고, 그의 아버지 정해룡(丁海龍) 선생과 내 선친은 개인적으로 친분이 두터웠거나, 아니면 이념적으로 동지였던 것임이 확실했다. 경기도 용인 토박이인 내 선친이 저 멀리 남도 끝자락에서 낳아 바로 거기에서 돌아가신 분과 깊은 인연을 갖고 있었다니, 나나 그 사람이나 고인이 되신 아버지의 친구 분들을 모두 알 수는 없었을 것이다. 그런데 그가 이야기한 그의 가족사는 어디선가 듣거나 읽은 것 같았다.

"혹시 선생님 댁 이야기가 한겨레신문 곽병찬 기자의 연재물 〈향원익청〉에 실렸었던 '보성 정씨가(丁氏家)의 거북정 이야기' 아닌가요?"

"맞아요! 곽병찬 기자가 쓴 '잠들 수 없는 거북정, 비밀의 정원'은 우리 집안 이야기예요. 김 선생님도 그걸 읽으셨군요. 참으로…."

그는 정길상(丁吉祥)이라는 사람이었다. 그는 돌아가신 자기 아버지 친구의 아들을 찾은 것이 무척이나 반가운 듯, 자기 집안의 지난 세월을 속사포처럼 퍼부었다. 임진왜란 때 선산부사로서 왜적을 물리쳤고 충무공 이순신의 종사관으로도 있었던 정경달(丁景達) 장군이 중시조라는 것, 수 백 년 만석꾼 부자로 내려와 일제 때 임시정부와 김일성 부대 모두에 거액의 독립운동자금을 제공한 일, 해방공간에서 몽양 여운형의 건준 자금을 댄 일, 동족상잔기의 일족의 대참사, 숙부 정해진의 월북과 남하, 그리고 1980년 보성 간첩단 사건으로 인한 집안의 몰락….

그가 속사포처럼 들려준 정씨 집안 이야기는, 한마디로 박경리의 '보수' 『토지』에 비견한다면 '진보' 『토지』 스토리였다. 아! 이 이야기들, 그런데 어디선가 들은 적이 있다. 전남 보성군이 친정인 내 장모님으로부터이다. 정길상 씨와의 통화를 마치고, 나는 바로 장모님에게 전화를 드렸다. 장모님은 언젠가 정씨가의 기구한 이야기를 나에게 들려주었지만, 나는 체감이 닿지 않는 머나 먼 전라도 보성 땅 장모님의 친정 이야기를 그렇게 깊이 새겨 두지는 않았다.

"아이고메! 김 서방, 전에 내가 이야기 했던 내 사촌 올케언니의 친정 이야기 아닌가? 정해룡씨 여동생이 내 사촌오빠 안용섭(安龍燮) 씨에게로 시집 왔다마시. 내가 소설감이라고 했지 않남? 정길상이라는 사람이 정해룡 씨 셋째 아들인가, 넷째 아들인가? 어떻게 자네가 그 사람을 알게 되었는가….”

장모님도 내 이야기를 듣고는 무척 흥분하셨다. 장모님은 현재 여든 일곱 살이지만 아직도 그 옛날의 기억들이 또렷또렷하다. 펄펄 눈이 내리던 날의 사촌오빠 결혼식 풍경, 처갓집에서 보내준 사촌오빠의 일본 유학, 우물가에서 사촌올케와 소곤소곤 나누던 집안 이야기, 폭풍 속에 휘말린 동족상잔기의 올케의 친정 오빠들, 이웃으로 지낸 광주에서의 짧은 행복, 연좌제로 전남대 총장이 못된 사촌오빠 안용섭…. 정길상 씨의 이야기처럼 장모님의 기억의 실타래도 끝이 없었다. 긴 통화 끝에 장모님이 마지막 한 마디를 덧붙였다.

“참말로 기이하네. 자네는 우리 집으로 장가 올 팔자였던가 봐.”

지난 10월 30일, 몇몇 후배들과 어울려 인사동에서 막걸리 한 잔 하는 자리가 있었다. 이런 저런 한담 끝에 내가 정씨 집안 이야기를 하면서, 보성이 고향인, 그래서 보성에 대해서는 잘 안다는 한 후배에게 물어보아도 정씨 집안에 대해서는 잘 모르는 눈치였다. 그 자리에서 정길상 씨에게 전화를 걸어 그 후배를 바꿔주니, 서로 이런 저런 신상 정보를 교환하고는 바로 통(通)하였다.

아, 이 기이한 인연! 나는 그 인연의 뿌리를 빨리 확인할 기회를 찾고 있었는데, 바로 그 날 그 자리에서 모두 그 다음다음 날에 사흘 여정으로 ‘진보 『토지』 기행’ 을 떠나기로 의견을 모았다. 꿈같은 남도 사흘간을 어찌 필설로 다 그릴 수 있으랴. 금둔사 지허 스님과의 차담, 백련사 여연 스님과의 진속을 넘나드는 대화의 밤, 달마산 아래 재속 무여대사의 내공… 그러나, 그러나, 그 옛날 이극로, 장건상, 김성숙, 여운형 선생 등도 묵고 갔다는 거북정 사랑방에서의 하룻밤, 겨레의 아픔을 품으려다가 이제 폐족이 될 정도가 된 정씨 집안 이야기는 지금도 가슴을 아리게 한다.

사흘간의 '진보 『토지』 기행'을 마치고 집으로 돌아오니, 1969년에 급서한 보성 정씨가의 마지막 대들보 정해룡 선생의 평전을 준비하고 있다는 이선옥이라는 분에게서 전화가 왔다. 한홍구 교수로부터 연락을 받았다며 내 장모님을 인터뷰하고 싶다는 것이다. 바로 장모님께 전화를 드려 날짜, 시간 잡아 두 사람을 만나게 해 주었다. 내년 상반기 중에는 너비와 깊이 모를 대하(大河)와 같은 보성 정씨 집안 이야기가 상재될 예정이란다. 20여 년 전에 돌아가신 내 선친과 정해룡 선생이 인생의 어느 구비에서 함께 하셨는지, 사뭇 궁금하다.

이유 있는 독촉

이 재 웅

"그니께 잔말할 것 없이 이번 추석에는 꼭 내려오란 말이다."

춘섭은 전화기에 대고 말했다. 춘섭의 아내인 조숙자는 그것을 지켜보고 있다가 혀를 끗끗 찼다. "상걸이도 다 사정이 있을 판인디, 왜 자꾸 내려오라고 했싸요. 요즘 시상에 사정 있어 추석 때 안 오는 것은 큰 흉도 아니구만." 춘섭은 들은 체 만 체였다. 그저 전화기에 대고 둘째 아들 상걸에게 만사 제쳐놓고 내려오라고 반 불호령하듯이 할 뿐이다. 춘섭 딴에는 그만한 이유가 있다.

예전 H리는 흔한 시골마을이었다. 하지만 6개월 전에 아파트 단지가 3개가 동시에 오픈하면서 서서히 도시화되어 가고 있었다. 그 과정에서 춘섭의 큰아들인 상문은 맥주집을 하나 열자 했다. 춘섭도 아주 그르지는 않다 싶었다. 그래서 상문이 돈의 절반을 붓고, 춘섭도 절반을 부어 〈부자 맥주집〉을 열었다. 장사는 쏠쏠했다.

하루는 춘섭의 친구인 왕구가 타지 사람 셋을 데리고 맥주집을 찾았다. 그런데 맥주를 딱 한 병 시키더니, 자신이 인근 마트에서 사온 막걸리를 잔뜩 꺼내는 것이었다. 그리고 세 시간동안 술을 마셨는데 미안한 기색은 없고, 도리어 무료로 제공하는 팝콘만 십수 접시를 비웠다. 춘섭은 마땅치 않았다. 하지만 어린시절부터 친구였고, 또 그 이후에도 한동네에서 자란 정이 있어 아무 말 하지 않았다. 무엇보다도 친구지간에 맥주 몇 병값으로 쪼잔하게 굴테냐 하는 말이 나올까 저어됐다. 그 날은 그렇게 참았다. 그런데 그 이후로도 왕구는 지인들과 올 때마다 "춘섭아 나왔다!"하고 인사를 하고는 테이블 하나를 차지하고 앉아, 또 주섬주섬 인근 마트에서 구입한 술을 꺼내놓는 것이었다. 그러면서 "여기 내 친구 집여. 마음껏 마시자고."하는 허세까지 부렸다. 그것이 열 번이 넘고, 스무 번이 넘었다. 심지어 몇 번은 맥주집에 맥주를 사들고 오기도 했다.

춘섭은 아무리 친구라지만 이건 경우가 너무 하다 싶었다. 그래서 하루는 "그래도 여기는 술파는 곳인디 너무 헌다야."하고 반농담처럼 말했다. 왕구가 춘섭의 뜻을 헤아려주면 싶었던 것이다. 하지만 왕구는 웃으면서 "임마, 우리가 남이야?"할 뿐이었다. 더 나아가 "팝콘만 주지 말고 노가리라도 좀 서비스해라. 친구대접이 이게 뭐냐?"하고 불을 질렀다. 춘섭으로서는 기가 찰 노릇이었다.

그러던 차에, 왕구도 그의 장남과 함께 〈왕구네 집〉이라는 한우 숯불갈비집을 차렸다. 추석 일주일 전에 오픈을 해, 추석 대목을 노린다는 계획도 세워두고 있었다.

춘섭은 오늘 아침 또 다른 친구인 최인복을 만나서 그 소식을 들었다. 그는 그 소식을 전해듣자마자 부리나케 집으로 돌아와 전화기를 붙들었다.

"어, 상민이냐? 나다. 애비여. 다른 것이 아니고 이번 추석에 말이다. 네 집 식구 다 몰고 내려와라…. 뭐여? 희철이는 친구들하고 약속이 있어? 그거 미루라고 그리라. 미루라고 그려. 핼애비 보러 내려오라고 그려…. 아 그런 말은 쓸데없고. 한놈도 빼놓지 말란 말이다."

춘섭의 아내는 그것을 보고 있다가 또 혀를 찼다. 그러자 춘섭은 아내를 쳐다보더니 "자네는 모르믄 가만 있어. 설명은 내가 나중에 해줄 테니께. 자네는 저기 앞에 석진이가 허는 정육점 가서 추석날 돼지 삼겹살 30인분만 준비하라고 그랴." 하고 말했다.

응, 좋아

장 주 식

아침밥을 먹고 세주는 망설이고 망설이던 말을 꺼냈다. 설거지를 하고 있는 엄마 뒤통수에 대고 한 말이었다.

"엄마, 저, 말이야. 오늘 친구들이 강가에 놀러 가자는데, 가도 돼?"

엄마가 돌아보았다. 세주는 엄마 눈을 똑바로 보지 못했다.

"언제? 학교 끝나고?"

세주는 고개만 가볍게 끄덕였다. 이미 상황은 끝난 것 같았다. 괜히 말을 꺼내서 아침부터 싫은 소리만 듣게 생겼다. 세주는 속으로 후회하고 또 후회했다. 허락할 엄마가 아니었다. 학원을 안 가는 날이어도 안 될 일인데, 오늘은 엄마가 너무너무 중요하게 여기는 영어공부를 하는 날이다. 세주를 빤히 바라보고 있는 엄마 입에서 나올 말은 뻔했다. 너, 지금 정신이 있는 거야? 중학교 입시가 일년밖에 안 남았어. 애들은 유치원 때부터 스펙을 쌓는다고. 잘 알면서 그래. 니가 한가하게 강에 놀러갈 때야? 폭포수처럼 쏟아질 엄마의 잔소리. 생각만 해도 머리가 어찔했다. 엄마, 다정이는 내 유일한 친구야. 엄마도 알잖아. 난 친구가 없어. 애들이 날 멀리한단 말이야. 재는, 초등학생이 아니야. 지금 중학교에 가도 일등을 할 걸. 친구들이 하는 이런 말을 내가 좋아할 거 같아? 그런데 다정이만이 내 맘을 이해해 준다고. 오늘이 바로 다정이 생일이고. 세주가 맘속에서, 머리 속에서, 목구멍 속에서만 맴도는 말들을 입 밖으로 꺼내진 못하고 얼굴만 찌푸리고 섰다. 어서 엄마의 한바탕 잔소리가 지나가기를 바랄 뿐이었다. 그런데, 엄마가 이렇게 말했다.

"강에 간다고? 응, 좋아! 재미있게 놀고 와."

"응?"

세주는 멀뚱하게 엄마를 바라보았다.

"친구들하고 가기로 했으면 가야지. 엄만 세주를 믿어. 니 할 일은 잘 알아서 하잖아."

이게 뭔가? 세주는 엄마를 다시 살펴보았다. 엄마의 얼굴, 엄마가 맞다. 엄마가 입은 옷, 늘 입던 옷 맞다. 엄마의 목소리도, 틀림없다. 그런데 엄마가 한 말, 이건 뭐지? 엄마가 환하게 웃고 있다. 입을 크게 벌려서 하얀 이도 보이고, 그 안의 목젖도 보인다. 엄마의 그 커다란 웃음 속으로 빨려들 것만 같다. 세주는 온몸을 감싸고도는 따스한 기운을 느꼈다. 그것은 엄마에게서 나오는 기운이었다. 세주는 그대로 엄마에게 달려가 안겼다.

"정말이지? 정말 놀러가도 되는 거지?"

"그럼. 맘껏 놀다와. 하루쯤 영어 안 해도 돼."

엄마가 세주의 등을 토닥였다. 세주는 꽃구름을 타고 학교에 갔다. 세주의 발은 땅을 딛는 것이 아니라, 공중에 붕 떠서 날았다. 발뒤꿈치에 날개가 달린 것이 틀림없었다. 아니, 겨드랑이에도 날개가 돋은 모양이다.

교실에 도착했을 때 다정이가 세주에게 달려왔다. 세주도 마주 달려가서 손을 잡았다. 다정이가 싱글벙글하는 세주의 얼굴을 의아하게 여기며 물었다.

"무슨 좋은 일 있어? 혹시 엄마한테 허락을 받은 거야?"

어제, 다정이가 세주에게 놀러가자는 말을 할 때, '안되겠지만.'이란 단서를 날았다. 세주엄마가 어떤 사람인지를 다정이는 너무 잘 알았다. 해가 서쪽에서 뜬다면 모를까, 결코 세주가 강가에 놀러갈 수 있으리라 생각을 하지 않았다. 다만 다정이는 그랬으면 하고 희망사항을 말해본 것뿐이었다. 그런데 세주의 웃음꽃 핀 얼굴은 뭔가 심상치 않은 일이 일어났음에 틀림없었다.

"진짜 해가 서쪽에서 뜬 거야? 그런 거야?"

"오케이, 정답! 강에 놀러가는 게 뭐 어렵냐?"

"진짜? 어머, 세주야!"

다정이가 세주의 두 손에 깍지를 꼈다. 두 친구는 제자리에서 팔짝 팔짝 뛰었다. 몇몇 아이들이 그런 둘 옆에 다가와서 궁금해 죽겠다는 얼굴들을 하고 지켜보았다.

오늘은 정말 특별한 날이었다. 기분이 좋으니까 세주는 모든 게 용서가 되었다. 우선 그렇게 싫었던 밭에 풀 뽑기도 할만했다. 학교에서 농장을 만들어 놓고 반별로 채소를 가꾸었다. 세주네 반은 상추, 방울토마토, 쑥갓, 고추를 심었다. 두럭을 만들고 비닐을 씌우고 채소 모종을 심은 반도 있었다. 하지만 세주네 담임선생님은 비닐을 씌우지 않는 것이 친환경이라고 주장하였다. 비닐을 씌우지 않으면 풀이 채소보다 몇 배는 더 잘 자랐다. 그래서 자주 뽑아줘야 한다. 유월의 햇볕은 따갑다. 세주는 살이 타는 게 정말 싫었다. 손에 흙을 묻히며 풀을 뽑는 것도 지겨운 일이었다. 더구나 정체를 알 수 없는 흉측한 벌레들이 흙과 풀잎에 기어다녔다.

"이게 뭔 공부에요! 우리가 왜 농사를 지어야 하냐고요!"

세주는 앞장서서 이렇게 외치며 밭에 들어가지 않고 나무 그늘에서 놀았다. 세주가 그렇게 대들 때마다, 담임선생님은 한숨을 쉬면서 말했다.

"교실에서 책만 읽는 게 공부는 아니다. 농사도 공부고, 노는 것도 공부야."

"노는 것도 공부라고요? 그럼 저는 그늘에서 놀래요."

세주는 담임의 가슴에 못을 콕콕 박아대고는 밭에 들어가지 않았다. 그랬던 세주가 오늘은 누구보다 먼저 밭에 들어갔다. 장갑을 낀 손이기는 하지만, 고추 잎에 붙어서 잎을 갉아먹는 벌레도 잡았다. 발갛게 드러난 팔은 모기에게 한 방 물리기도 했지만 괜찮았다.

"어머머, 세주야. 웬일이니? 오늘 해가 동쪽에서 뜬 게 맞는데?"

담임은 하늘의 해와 세주를 번갈아보면서 말했다. 담임뿐 아니다. 다른 아이들도 신기한 구경거리라도 생긴 듯 호기심이 잔뜩 어린 얼굴로 세주를 바라보았다.

"선생님이 그러셨잖아요. 농사도 공부라고. 그래서 한번 해 볼려고요."

담임은 고개를 갸웃거렸지만, 몹시 기분이 좋아보였다. 그런 담임의 얼굴을 보면서 세주도 즐거웠다.

오늘은 세주에게 정말 특별한 날이었다. 과학시간에 있었던 일도 그랬다. 과일전지를 만드는 실험이었다. 레몬과 오렌지, 오이와 배에 탄소막대와 알루미늄 막대로 전지를 만들게 되었다. 세주가 과일

담당이어서 세주는 레몬을 6개 갖고 왔다. 한번 실험에는 2개만 있으면 되었다. 세주네 옆 모둠인 정수네는 과일이 없었다. 과일을 갖고 오기로 한 정수가 까먹었기 때문이다. 정수는 모둠 아이들에게 호되게 당하고 있었다. 얼굴이 붉어진 정수가 벌떡 일어서서 세주에게 다가왔다.

"레몬 두개만 빌려줘라."

정수 딴에는 상당히 용기를 낸 거였다. 보통 때 같으면 세주에게 말을 걸지 못했을 것이다. 세주가 아이들 부탁을 들어주는 법이 거의 없었다. 아니, 아이들이 아예 세주에게 부탁을 하는 경우가 별로 없었다. 세주는 쉬는 시간에도 고고한 자세로 앉아서 보통 아이들은 결코 볼 수 없는 400쪽이 넘는 두꺼운 책을 읽는다. 공부시간이나 쉬는 시간이나 허리를 곧게 펴고 앉아서 흐트러짐이 없는 자세. 그게 세주였다. 공부시간에 어려운 문제가 발생하면 담임이나 아이들이나 다 세주를 바라보았다. 그럼 세주의 입에선 알맞은 답이 술술 흘러나왔다. 예를 들면, '자기를 이기고 예로 돌아가는 것'이란 말이 도덕책에 나온다. 이것은 '극기복례'라는 공자의 말이라고 책에 기록되어 있다. 이때 담임이 굳이 안 물어도 될 말을 이렇게 물었다.

"과연 공사는 언제 살았던 사람일까?"

이 질문에 어떻게 대답한단 말인가? 하지만 담임과 아이들은 세주를 바라보았고, 세주는 무덤덤한 표정으로 이렇게 대답했다.

"기원전 6세기요. 정확하게 말하자면 B.C. 551년에 태어나서 B.C. 479년에 죽었습니다."

이런 아이가 세주였다. 한마디로 경이로운 존재가 바로, 세주였다. 그런 존재에게 어찌 함부로 말을 붙여 볼 수 있겠는가. 정수도 모둠아이들에게 '너 땜에 우리 망했어!' 하고 심하게 당하지만 않았더라면, 세주가 레몬을 무려 6개나 가지고 있는 걸 보지만 않았어도, 지금처럼 부탁을 하러 오진 않았을 거였다. 정수의 얼굴은 볼만했다. 모둠아이들에게 집중 공격을 당하면서도 대들지를 못해 안으로 뭉친 울화통. 어쩔 수 없이 부탁을 하러 왔지만 거절을 당하면 받을 모멸감. 그래서 마침내 걷잡을 수 없이 터져버리고 말 분노. 그래서 완전히 망가질 자신에 대한 불안감이 가득한 그런 얼굴. 세주는 정수를 쳐다보았다. 쓰고 시고 텁텁한 왕벌레를 씹고 있는 듯한 그런 정수의 얼굴을. 세주는 담담하게 대답했다.

"그래, 좋아."

세주는 선뜻 레몬 두 개를 정수에게 내밀었다. 보통 때 같으면 세주는 빌려주더라도 이런 말 한마디는 꼭 했으리라. '버릇 된다, 너. 내가 맡은 일을 못해도 누군가 해 주겠구나, 하는 기대는 마음 말이야. 조심해야 돼.' 하고 단단한 논리로 좀 까칠하게 가르쳤을 것이다. 그러나 오늘 세주는 그런 말을 하고 싶지 않았다. 뭔가 특별한 날이니까. 레몬을 받으면서 정수는 얼떨떨한 표정을 지었다.

"어? 고, 고맙다. 꼭 갚을게."

"아니, 안 갚아도 돼."

산뜻한 세주의 대답. 정수네 모둠에서 "와!" 하는 소란이 일었다. 정수는 의기양양하게 자기 자리로 돌아갔다. 세주는 따뜻한 피가 온몸을 도는 느낌을 받았다. 아침에, 엄마의 말을 들으면서 느꼈던 느낌과 비슷했다.

드디어 수업이 다 끝났다. 세주는 다정이와 함께 강가에 갔다. 세주는 다정이와 둘이 가고 싶었으나 그럴 순 없었다. 다정이의 생일이었으므로, 다정이와 친한 다른 친구들 셋이 더 있었다. '강가' 란, 놀이공원을 뜻하는 다정이네 아이들의 비밀언어다. 세주네가 살고 있는 인구 15만 명의 지방 도시에서 겨우 모양만 갖춘 놀이공원이다. 놀이기구라곤 바이킹과 방방뿐이다. 바이킹도 대형 놀이공원의 반 크기 밖에 되지 않는다. 하지만 그나마도 없는 것 보단 나았다. 나름 스릴도 있다. 소리를 지르며 바이킹을 질릴 때까지 타고 온몸에서 땀이 축축하게 배어나오도록 방방을 뛰었다. 다정이가 팥빙수를 샀다. 몸에 가득했던 열기가 시원하게 가라앉으니, 그런 즐거움이 없었다.

"신기하지 않냐?"

수연이가 팥빙수 숟가락을 뱅뱅 돌리며 말했다. 다정이와 세주는 물론 다른 두 친구도 수연이를 보았다. 다정이가 물었다.

"뭐가?"

"세주 말이야. 세주가 우리랑 같이 있다는 게 난 안 믿어져."

"얘는. 여기 있잖아. 얘가 세주 아니고 누구냐."

다정이가 세주 어깨를 툭툭 쳤다.

"그러니까 말이야. 세주가 학원을 땡땡이치다니. 있을 수 있는 일이야?"

"하하, 충분히 있을 수 있는 일이었어."

세주가 활짝 웃으며 말했다. 아침에 엄마와 있었던 일을 굳이 말할 필요는 없었다. 어쨌든 자신이 이렇게 놀 수도 있다는 것이 좋았다. 조금 불안하지 않은 건 아니었다. 오늘 학원에선 진도가 많이 나갈 것이다. 경쟁 상대인 민혁이도 생각이 나긴 했다. 영어웅변대회를 비롯하여 각종 대회에서 세주와 민혁이는 1위를 다투었다. 세주가 바이킹을 타고 방방을 뛰는 동안 민혁이는 영어 단어를 외우고 원어민과 회화를 하고 있을 터였다. 강가에 오는 동안에도 세주는 망설이기도 했다. 엄마가 '응, 좋아.' 하기는 했지만, 그건 나를 떠본 것이 아니었을까? 스스로 공부할 힘을 갖고 해 나가기를 바란 것이 아닐까. 그런 생각이 들었을 때 세주는 하마터면 학원으로 갈 뻔했다. 엄마의 진심은 세주가 스스로 판단해서 어떤 일이 옳은 일인가를 결정하기를 바란 것처럼 생각되기도 했다. 세주는 그렇게 생각했을 때, 많이 흔들렸다. 하지만 머리를 한번 흔들고 다시 생각해 봤다. 엄마의 그 환하게 웃던 얼굴, 그리고 따뜻한 음성으로 '응, 좋아. 재미있게 놀고 와.' 하지 않았던가. 그 엄마의 말투와 표정은 속에 다른 뜻을 숨기고 있는 게 아니었다. 엄마는 내가 강가에서 놀아도 충분하다고 인정을 해 준 거였다. 이건 불안해 할 일이 아니다. 엄마를 믿으면 된다. 세주는 그렇게 생각을 정리하고 정말, 맘껏 놀았다.

시간은 빠르게 흘러 해가 서쪽 산에 걸렸다. 친구들은 헤어지기가 아쉬웠다. 역시 좀 놀아본 수연이가 제안을 했다.

"우리 좀 더 놀자. 저녁 같이 먹고, 노래방도 가자. 어때?"

"난 좋은데, 너희들 되겠어?"

다정이는 자기 생일이니만큼 부모님의 허락은 받을 수 있다고 자신했다. 다른 두 친구는 집에 전화를 해 보겠다고 했다.

"세주는 안 되겠지?"

다정이가 세주 손을 잡으며 물었다. 세주가 대답 없이 가만히 있으니까 다정이가 한마디 더 했다.

"오늘 지금까지 같이 있어준 것만으로도 너무너무너무 고마워. 세주는 이제 집에 가도 돼. 아쉽기는 하지만.”

다정이가 세주에게 말하는 동안 다른 친구들은 다 통화를 끝냈다. 두 친구의 얼굴은 시무룩했다.

“안된대. 당장 들어오래.”

결국 놀 수 있는 친구는 다정이와 수연이 뿐이었다. 다정이가 살짝 얼굴을 찌푸리며 섭섭해 했다. 세주는 그런 다정이가 안돼 보였다.

“나도 전화나 한번 해 볼게.”

세주가 엄마에게 전화를 걸었다. 우선 엄마에게 고맙다는 말을 한 다음, 세주는 더 놀다 가도 좋은지를 물었다. 엄마의 대답은 이랬다.

“응, 좋아. 너무 늦지는 말아라.”

“어, 엄마….”

세주는 전화를 끊고도 잠깐 멍한 표정으로 서 있었다. 다정이가 몸을 흔들어서야 세주는 정신을 차렸다.

“왜 그래? 세주야. 엄마가 뭐라고 하셔? 안된다고 하시지?”

“아니, 그게 아니야…. 난 집에 가야겠어. 미안해, 다정아. 노래방엔 다음에 가자.”

세주는 집으로 가는 시내버스 안에서 생각했다. 엄마가 어디 아픈 걸까? 사람은 갑자기 변하면 죽는다는데. 혹시 엄마가? 세주는 걱정이 거센 파도처럼 밀려왔다. 얼른 엄마를 만나서 물어봐야 했다. 세주는 신호등의 정지시간이 너무 길고, 버스는 너무 느리게 가는 것 같았다.

디엠지문학을 위하여

-사건적 공간에서 지평적 공간으로

조 성 면
(문학평론가)

디엠지! 폭 4킬로미터, 동서 248킬로미터, 총면적 9만여 헥타르에 이르는 세계사상 유래 없는 특수지대. 서해 강화도 교동의 끝섬에서 동해안 고성 명호리에 이르는 휴전선 일대를 우리는 비무장지대(demilitarized zone)라 부른다. 평소에는 망각의 수면 아래 잠복해 있다 가슴 철렁한 상황이 발생하는 순간 압도적 존재감을 과시하는 이곳은 여리박빙(如履薄氷)의 사건적 공간이다.

통제가 일상화된 공간이기 때문일까? 우리 문학에서 디엠지는 상상력마저 닿지 못하는 담론의 블랙홀로 방치되어 왔다. 아니, 디엠지를 다룬 문학은 지나치게 많거나 지나치게 희소하여 시대의 과녁을 정확하게 꿰뚫지 못하고 분단문학사속에서 표류하고 있었다고 해야 정확한 말일 것이다. 국가보훈처 문학으로 분류될 수 있는 모윤숙의 「국군은 죽어서 말한다」와 석진영의 「민족송」 같은 괴로운 절창도 있고, 고전과 인문주의에 뿌리를 둔 노산 이은상의 휴전선 기행문 『피어린 육백리』(1962) 같은 민족주의문학에서 단 일보를 더 나가지 못한 채 그것은 한동안 적막강산이었다.

노산 이은상은 시조시인, 『난중일기』의 역자, 박정희 시대의 문인-이데올로그로 기억되고 있으나 세간의 오해와 달리 그는 민족주의자이며 자산 안확의 훈육을 받은 국학자이기도 했다. 노산문학의 저변에는 관변문학의 그늘과 함께 단단한 민족의식과 국학의 품격이 생생약동(生生躍動) 살아 있으니, 우리 마음에 불을 지를 이 같은 민족주의를 영토화하고 재배치하면 남북의 대결 구도를 일거에 허물어뜨릴 한국문학의 새로운 자산이 될 수도 있는 것이다.

도라산역과 문산을 종착점으로 더 이상 질주하지 못하고 멈춰 있는 한국철도처럼 우리문학은 디엠지를 속시원하게 넘어설 확고한 대안을 아직 마련해두고 있지 못한 상황이다. 물론 우리 작가들이 마냥 손을 놓고 있었던 것은 아니다. 1990년대 들어서면서 한국전쟁과 심리적인 거리를 갖는 젊은 작가들은 얼어붙은 상상력과 침묵의 언어를 깨뜨리며 디엠지문학의 새로운 가능성을 보여주었으니 김시완의 장편소설 『천지인 대동제』(1992)나 영화 〈공동경비구역 JSA〉의 원작인 박상연의 장편소설 『DMZ』(1996)가 바로 그러하다. 그러나 근본적으로 냉전이데올로기와 국가이성이 서로 격렬하고 빈번하게 충돌하는 사건적 공간일 수밖에 없는 이곳의 자기규정력으로 말미암아 끝내 이들은 밀리터리문학이라는 소재주의와 센세이셔널리즘을 시원하게 넘어서지 못하였다.

최근에는 밀리터리문학을 넘어서 새로운 지평을 보여주는 반가운 시도들도 더러 목격되기 시작하였다. 박상연은 걸출한 스토리텔링 솜씨로 기어이 철책선을 넘어 남북의 청년들이 아찔한 우정을 나누도록 하였고, 유채림은 전작장편 『금강산 최후의 환쟁이』를 통해서 금강산과 예술이라는 이념의 진공지대와 완충지대를 만들어 보였으며, 권영상의 「비무장지대 2」는 디엠지를 우리문학의 새로운 가능성으로 전유하였던 것이다.

슬픈 일일수록
새들은 빨리 용서할 줄 안다

우리보다 더 힘들게 살면서도
언제나 우리보다
더 먼저 용서하는 새들

지난 일을 잊기 위해
새들은 소총 소리 들리는 숲을 찾아와
거기에다 편안한 집을 짓는다

지뢰가 흩어진 숲속을
우리보다 먼저 찾아와

탄탄하게 집을 짓고
따스한 알을 낳는다

–「비무장지대 2」 전문

「비무장지대 2」는 쉽고 반성적이다. 시인은 슬픈 일/ 용서, 소총 소리/ 편안한 집, 지뢰/ 따스한 알 등 대립하는 두 개의 세계를 함께 대비시키면서 생태주의적 상상력을 통해서 남북 화해의 가능성을 제시해 보인다. 동족 간에 총부리를 들이대며 살풍경을 연출하는 인간들의 어리석은 이념대결 따위에는 아랑곳하지 않고 생명의 질서를 이어가는 새들의 범연한 일상은 신선한 충격이며, 우리의 반성을 촉구하는 메시지다. 그들이 낳은 "따스한 알"은 차갑고도 어리석은 혈연간의 냉전을 용서와 화해로 녹여보자는 시인의 주제의식을 담은 객관적 상관물이다.

이처럼 관점을 달리하면, 디엠지는 냉전과 증오와 대결의 표상이 아니라 분단체제를 뛰어넘는 새로운 상상력과 한반도의 미래비전을 담보하고 있는 기원의 공간으로서 또 생태적 비전의 보고로서의 영롱한 자태를 드러낸다. 어쩌면 디엠지는 없어져야 할 분단의 장벽이며 냉전의 표상이 아니라 더욱 소중하게 지키고 끝없이 확장해 나가야 할 대안공간일지도 모른다. 한반도와 동아시아가, 또 세계 전역이 디엠지—곧 비무장 평화지대(demilitarized zone)로 확장될 수 있다면 오히려 이는 희망의 반어가 아닌가.

디엠지는 한국문학이 도전해야 할 상상력의 발전소요, 지평적 공간일 수도 있다. 권영상이 잘 보여주고 있듯 이곳은 분단의 공간일 뿐만 아니라 남북이 만나는 소통의 공간이며, 대결의 공간이 아닌 생명들의 보고이고, 나아가 한반도를 넘어서 인류사에서 아예 전쟁의 포연을 걷어낼 반어적 대안이 될지도 모른다. 그런 점에서 지난 10월 우리의 디엠지 방문은 작가들의 통상적인 친목활동이나 문학답사라기보다는 뜨거운 사건적 공간을 따스한 지평적 공간으로 바꾸기 위한 문학적 실천이며, 분단체제를 넘어 상생의 평화세계로 향하는 첫걸음이 될 수 있다. 디엠지를 탈구축적으로 재구축할 이유가 바로 여기에 있다. 디엠지를 냉전과 분단의 표상이 아니라 화해와 용서와 대안의 지평적 공간으로 바꾸어나가는 위대한 반어를 하루속히 보고 싶다.

■책을 내며

더불어 평화와 상생의 길을 찾아

정 수 자

(경기민예총 문학위원장)

경기민예총 문학위원회 이름으로 책을 묶자니 지난 시간이 새삼 오붓해진다.

9월 26일 발족식 후, 우리 회는 꽤 굵직한 일들을 해냈다. 첫 사업을 비무장지대Demilitarized Zone 글쓰기로 잡고 10월 9일 답사를 했다. DMZ가 경기도의 한 상징적 장소인 때문이다. 우리는 북녘 산하를 먹먹히 바라보다 끊긴 경원선의 월정리역과 철원역, 철원의 노동당사 앞에 깊이 서 있었다.

녹슨 철로와 끊긴 길과 오래된 꿈을 일깨우는 휴전 속의 기이한 평화- 그 안팎의 풍경과 염원을 그린 회원들의 시는 11월 16일 임진각 전시와 낭송 공연으로 독자를 만났다. 그 사이 10월 18일 〈경기민족예술제〉에 참여한 시사전(詩寫展)과 그 연장 전시를 통해 지역 독자들과 만나는 시간도 흐뭇하게 가졌다. 시가 좋아서라는 시청 모과장 덕에 누린 평택 '루트' 에서의 전시는 만추를 더 그윽하게 했다.

이런 모임과 쓰기는 어떤 의미를 생산할까. 휴전선을 허리에 두른 경기지역은 다른 지역보다 더 첨예하게 분단과 마주서는 곳이니 문인들도 예각적일 수 있다. 그런 점에서 '분단을 넘어 통일을, 너/나 차별 없는 평화를, 더불어 상생을' 향한 쓰기야말로 경기민예총 문학위원회 이름으로 지역에서 함께하는 조용한 참여라고 할 수 있을 것이다.

DMZ 글만 묶기엔 아쉬워서 자선 발표작 한 편씩을 추가했더니, 어디 내놔도 집어가고 싶을 만한 책이 되었다. 좋은 작품으로 즐거운 높이와 깊이와 넓이를 넣어주신 고문님, 자문위원님, 회원님, 민예총 이사장님과 식구들, 그리고 햇살과 바람과 오늘 내린 첫눈에게도 고개 숙인다. 그러면서 다시 소망한다, 아직도 금지된 저 너머와 더불어 가는 평화와 상생을-.

■부록 – 약력

고 은 : 시인 생활 50여 년. 시집 여럿. 한국민족예술인총연합 초대 의장.

현기영 : 1975년 동아일보 신춘문예 등단. 11대 한국문화예술진흥원 원장. 전 한국작가회의 이사장. 작품집 『순이삼촌』, 『변방에 우짖는 새』, 『지상에 숟가락 하나』 외.

권오영 : 2008년 『시와반시』로 등단.

권혁재 : 2004년 서울신문 신춘문예로 등단. 시집 『투명인간』 외.

권현형 : 1995년 『시와시학』으로 등단. 시집 『중독성 슬픔』『밥이나 먹자, 꽃아』『포옹의 방식』

금은돌 : 2013년 『현대시학』으로 등단. 연구서 『거울 밖으로 나온 기형도』

김대술 : 성공회 사제. 2011년 『시와 문화』로 등단. 시집 『바다의 푸른 눈동자』

김선향 : 2005년 『실천문학』 신인상으로 등단.

김영주 : 2009년 『유심』으로 등단. 시집 『미안하다, 달』

김왕노 : 1992년 매일신문 신춘문예 당선. 시집 『슬픔도 진화한다』『말달리자 아버지』 『그리운 파란만장』 외.

김천영 : 1989년 교사문학 동인지 『그러나 백묵이여』, 2007년 2인 시집 『산책』으로 작품 활동 시작.

김학민 : 칼럼니스트. 저서 『564세대를 위한 변명』, 『맛에 끌리고 사람에 취하다』 『길을 찾는 책읽기』 외.

김현성 : 가수 겸 작곡가. 세 권의 시집과 『오선지 위를 걷는 시인들』 출간.

박설희 : 2003년 『실천문학』으로 등단. 시집 『쪽문으로 드나드는 구름』.

박완호 : 1991년 『동서문학』으로 등단. 시집 『물의 낯에 지문을 새기다』, 『염소의 허기가 세상을 흔든다』, 『너무 많은 당신』 외.

박해람 : 1998년 『문학사상』으로 등단. 시집 『낡은 침대의 배후가 되어가는 사내』.

박홍점 : 2001년 『문학사상』으로 등단. 시집 『차가운 식사』

방남수 : 1993년 『문예한국』으로 등단. 시집 『보탕』

서수찬 : 1989년 『노동해방문학』으로 등단. 시집 『시금치 학교』

서정택 : 2006년 농민신문 신춘문예 당선.

서정화 : 2007년 〈白水정완영 전국시조백일장〉 장원, 『나래시조』 신인상으로 등단. 시집 『유령그물』

성향숙 : 2008년 『시와반시』로 등단. 시집 『엄마, 엄마들』

양정자 : 1990년 시집 『아내일기』로 등단. 시집으로 『아이들의 풀잎노래』 『가장 쓸쓸한 일』 『내가 읽은 삶』 외.

오춘옥 : 1986년 『심상』으로 등단. 시집 『뒷모습이 말했다』

용환신 : 1985년 자유실천문인협의회 기관지 『민족문학』으로 작품활동 시작. 시

집 『우리 다시 시작해 가자』, 『겨울꽃』, 『아직도 노래할 수 없는 서정을 위해』

우대식 : 1999년 『현대시학』 등단. 시집 『늙은 의자에 앉아 바다를 보다』, 『단검』 『설산 국경』 외.

우은숙 : 1998년 〈동아일보〉 신춘문예 당선. 『마른꽃』 『물무늬를 읽다』 『소리가 멈춰서다』

윤한택 : 2000년 〈사람과 땅의 문학〉 동인.

이덕규 : 1998년 『현대시학』 등단. 시집 『다국적 구름공장 안을 엿보다』 『밥그릇 경전』

이선균 : 2010년 『시작』 등단.

이은유 : 1996년 『현대시』로 등단. 시집 『이른 아침 사과는 발작을 일으킨다』

이장곤 : 2000년 『정신과 표현』으로 등단.

이재웅 : 2001년 『실천문학』으로 등단. 작품집 『럭키의 죽음』 『불온한 응시』 『그런데 소년은 눈물을 그쳤나요』

이정원 : 2002년 〈불교신문〉 신춘문예, 2005년 『시작』 등단. 시집 『내 영혼 21그램』 『꽃의 복화술』

이진희 : 2006년 계간 『문학수첩』으로 등단. 시집 『실비아 수수께끼』

이향란 : 2002년 시집 『안개詩』로 등단. 시집 『슬픔의 속도』 『한 켤레의 즐거운 상상』이 있음.

임덕연 : 『교사문학』에 시를 발표하면서 시작 활동.

임　봄 : 2009년 『애지』 로 시 등단. 2013년 『시와사상』 평론 등단.

장주식 : 장편동화 『그리운 매화향기』, 『토끼청설모까치』, 『소년소녀 무중력 비행중』

정수자 : 1984년 세종숭모제전 전국시조백일장 장원 등단. 시집 『탐하다』 『허공우물』 『저녁의 뒷모습』 외.

정용국 : 2001년 계간 『시조세계』로 등단. 시집 『명왕성은 있다』 외.

조성면 : 문학평론가. 평론집 『경계를 넘고 간극을 메우며』 외 다수의 저서.

차옥혜 : 1984년 『한국문학』 신인상으로 등단. 시집 『깊고 먼 그 이름』 『비로 오는 그 사람』 『발 아래 있는 하늘』 외.

최기순 : 2001년 『실천문학』 등단. 시집 『음표들의 집』

한도숙 : 농민. 시집 『며느리밑씻개』 『개불알풀꽃』

한우진 : 2005년 『시인세계』 등단. 시집으로 『까마귀의 껍질』

홍순영 : 2011년 『시인시각』으로 등단. 시집 『우산을 새라고 불러보는 정류장의 오후 』

홍일선 : 1980년 『창작과비평』으로 등단. 시집 『농토의 역사』 『한알의 종자가 조국을 바꾸리라』 『흙의 경전』 외.

압록강 같은 서사시를 쓰고 싶다

찍은날 2014년 12월 5일
펴낸날 2014년 12월 15일
엮은이 경기민예총 문학위원회
펴낸이 박몽구
펴낸곳 도서출판 시와문화
주 소 (431-852) 경기 안양시 동안구 경수대로 883번길 33,
103동 204호(비산동, 꿈에그린아파트)
전 화 (031) 452-4992
E-mail poetpak@naver.com
등록번호 제2007-000005호 (2007년 2월 13일)

ISBN 978-89-94833-10-1(03810)

정 가 10,000원

*이 작품집은 경기도의 지원을 받아 제작되었습니다.